SingLiesel

MIX
Papier aus verantwortungsvollen Quellen
FSC® C014138
FSC
www.fsc.org

Satz: Martin Janz, Freiburg i.Br.
Umschlaggestaltung: Martin Janz, Freiburg i.Br.
Druck: FINIDR, Czech Republic

ISBN 978-3-948106-67-6

www.singliesel.de

Bildnachweise: shutterstock.com

Alle Kurzaktivierungen in diesem Buch sind aus der Praxis entstanden und vielfach erprobt. Bitte vergessen Sie nicht, dass jeder Mensch seine spezielle Tagesform und seine einzigartige Biografie mitbringt, die Sie berücksichtigen müssen. Nicht jede Übung oder jedes Spiel passt für jeden. Die Autorinnen und der Verlag haften nicht für etwaige Personen- oder Sachschäden.

Natali Mallek | Annika Schneider

Kurzaktivierungen ohne Material

Last-Minute-Ideen für den Winter

Inhalt

Einleitung

Leuchtende Lichter begleiten uns zum Ende des Jahres, wenn der Winter seine Reise antritt. In unseren Kurzaktivierungen zum Winter haben wir 30 Winterthemen aufgegriffen, die diese wunderschöne Jahreszeit greif- und erlebbar machen. Sie erzählen von kuscheligen Decken, prasselndem Kaminfeuer und duftenden Mandarinen. Es geht um Dinge, die im Winter dafür sorgen, dass wir uns geborgen fühlen und Wärme in unser Herz einzieht.

Kurze Begegnungen für mehr Lebensqualität

Manchmal ist im Arbeitsalltag nur wenig Zeit für den persönlichen Kontakt und es ist eine große Herausforderung, diesen sinnvoll für die Begegnung auf Augenhöhe zu nutzen. Unsere Ideen zeigen Ihnen, wie Sie auch kurze Begegnungen zum Beziehungsaufbau nutzen können. Auf der Grundlage von Empathie und Verständnis möchten wir Ihnen helfen, Momente zu schaffen, die die Lebensqualität steigern.
Dabei haben wir die Bücher dieser Reihe bewusst so aufgebaut, dass Sie kein zusätzliches Material brauchen, um in die Begegnung zu gehen. Alle Ideen sind abwandelbar und können mit etwas Fingerspitzengefühl an die Bedürfnisse der Menschen, denen Sie begegnen, angepasst werden.

Die Bedeutung von Jahreszeiten für Menschen mit Demenz

Die Jahreszeiten sind die Uhr der Natur und sie durchdringen und beeinflussen das menschliche Leben auf vielen Ebenen. Von unserer Ernährung und unserem körperlichen und seelischen Wohlbefinden über unsere Aktivitäten in Haus und Garten oder in der Freizeit bis hin zu kulturellen Festivitäten – die Jahreszeiten spielen eine komplexe Rolle.

Vertrautheit, Sicherheit und Struktur. Durch ihre Vertrautheit geben uns die Jahreszeiten Sicherheit und Struktur und helfen uns bei der zeitlichen Orientierung. Diese Eigenschaften machen sie in der Arbeit mit Menschen mit Demenz als Bezugspunkt so wertvoll. Wenn die eigene Orientierungsfähigkeit schwindet, können die Routinen der Jahreszeiten einen Ankerpunkt bilden und ein wenig Ordnung in die innere Unruhe bringen.

Erlebnisse für alle Sinne. Jede Jahreszeit ist mit besonderen Erlebnissen für die Sinne verbunden. Wenn wir an den Sommer denken, spüren wir die warmen Sonnenstrahlen auf der Haut, während der Gedanke an den Winter uns vielleicht den Klang eines prasselnden Kaminfeuers hören lässt. Im Frühling riechen wir den Duft frischer Blumen und das Wort „Herbst“ reicht aus, um Erinnerungen an bunte Blätter und Kastanienmännchen aufsteigen zu lassen.

Erinnerungen und Verbindung. Die Erinnerungen, die wir mit den Jahreszeiten verbinden, sind tief in unserem Langzeitgedächtnis verankert. Bei Menschen, die in einem ähnlichen Kulturkreis und unter ähnlichen klimatischen Bedingungen leben und gelebt haben, gibt es im Erleben der Jahreszeiten und im Erinnerungsspektrum viele Gemeinsamkeiten. Ein Blick auf die Gemeinsamkeiten stärkt die Verbindung zu anderen Menschen und kann neue Brücken im Miteinander bauen und das Gemeinschaftsgefühl stärken.

Aufbau der Kurzaktivierungen

Die Kurzaktivierungen bzw. Kurzbegegnungen zu den vier Jahreszeiten sind immer gleich aufgebaut. Dadurch schaffen Sie in Ihrer Arbeit einen ritualisierten Ablauf und nutzen die Struktur, um Vertrauen zu stärken und Sicherheit zu schenken. Wie bei allen Anregungen, die wir entwickeln, handelt es sich um Vorschläge, die mit Empathie und Einfühlungsvermögen an die individuellen Menschen, mit denen Sie arbeiten, angepasst werden müssen und sollen. Auch wenn sich Krankheitsbilder und Ressourcen oft ähneln, sind die Situation, die Tagesstimmung und individuelle Faktoren immer wieder neu. Scheuen Sie sich also nicht davor, von den Vorschlägen abzuweichen und diejenigen Anregungen herauszugreifen, die für Sie, die Menschen, mit denen Sie arbeiten, und die Situation passen.

Die Haltung

Die Kurzbegegnung ist eine wunderbare Möglichkeit, mit den Menschen in Kontakt zu kommen. Dieses In-Kontakt-Kommen, die Begegnung auf Augenhöhe und das Miteinander, ist auch das Hauptziel der Kurzaktivierungen, die wir in diesem Buch vorstellen. Durch gemeinsam verbrachte Zeit und geteilte Erinnerungen ist es möglich, die Beziehung zu stärken. In der Hektik des Alltags die richtige Haltung einzunehmen und aufrechtzuhalten, kann anstrengend sein. In der Praxis ist es daher hilfreich, sich die Grundpfeiler einer vertrauensbildenden, annehmenden Haltung bewusst zu machen.

Respekt hilft uns, die persönlichen Ressourcen und Lebensleistungen der Menschen zu sehen und persönliche Grenzen zu respektieren. Bei einer Kurzbegegnung handelt es sich immer nur um ein Angebot und Angebote können auch abgelehnt werden. Professionalität hilft uns, die Reaktionen der Menschen richtig einzuordnen.

Einfühlungsvermögen brauchen wir, um die Perspektive der Menschen einzunehmen, mit denen wir arbeiten. Manche können sich verbal gut mitteilen, bei anderen sind wir allein auf unsere Beobachtungsgabe angewiesen. Hilfreich ist es, wenn wir unsere Wahrnehmungen auch mit den Kolleginnen und Kollegen besprechen, denn mehrere Perspektiven ermöglichen einen ganzheitlicheren Blick.

Geduld ist ein integraler Bestandteil bei der Arbeit mit Menschen. Wenn wir mit pflegebedürftigen Menschen und Menschen mit demenziellen Erkrankungen arbeiten, wird sie noch wichtiger. Nur wenn wir unserem Gegenüber ausreichend Zeit geben, Reize wahrzunehmen und darauf zu reagieren, können wir ein Gefühl dafür entwickeln, was wir mit unserem Angebot erreichen.

Das Zeitmanagement

In der Praxis ist der Grund für eine Kurzaktivierung häufig, dass eine Einzelbetreuung noch „erledigt" werden muss und vom Arbeitstag nicht mehr viel übrig ist. Das ist völlig verständlich und ein durchaus legitimer Grund, eine kurze Begegnung durchzuführen. Trotzdem ist es in der Praxis schwieriger, die zuvor beschriebene Haltung einzunehmen und sich selbst und dem Menschen, mit dem man arbeitet, genug Raum zu geben, wenn die Kurzbegegnung ungeplant unter Zeitdruck stattfindet. Wir möchten aus diesem Grund ein starkes Plädoyer dafürhalten, auch Kurzbegegnungen zu planen und die dafür benötigte Zeit realistisch einzuschätzen. Wenn Sie beispielsweise in einer Einrichtung der Altenhilfe arbeiten, bieten Sie die Kurzaktivierung meistens nicht nur einem Menschen an. Außerdem benötigen Sie hinterher auch noch Zeit, um die durchgeführte Begegnung zu dokumentieren. Mit einer Planung, die diese Punkte berücksichtigt, sind Sie in der Kurzbegegnung entspannter, und das kommt sowohl Ihnen zugute als auch den Menschen, mit denen Sie arbeiten.

Der Ablauf

Die Ideen für die kurzen Begegnungen in diesem Buch können sowohl für Einzelbegegnungen als auch in der Gruppe genutzt werden. Sollte an irgendeiner Stelle der Umsetzung das Gespräch einfach locker fließen und die Kommunikation von Mensch zu Mensch entspannt ohne weitere Anregungen auskommen: Perfekt!

Verzichten Sie auf weiteren Input und lassen Sie es fließen. Sollte dies nicht der Fall sein, nehmen Sie sich so viele der Anregungen heraus wie nötig, um eine angenehme Atmosphäre zu schaffen.

Vermeiden Sie Überforderung

Achten Sie dabei unbedingt darauf, Überforderung zu vermeiden. Lesen Sie sich dafür die Anregungen im besten Fall vor der Durchführung einmal durch. Besonders bei neurodegenerativen Erkrankungen kann es sein, dass einige Gesprächsimpulse oder Rätselideen zu komplex für die Teilnehmenden sind. Lassen Sie sie in diesem Fall einfach weg und konzentrieren Sie sich auf den Einsatz des Bildes, auf die Vorleseelemente, die Lieder und Gesprächsimpulse, die Sie für geeignet halten. Die Vorschläge für die Kurzbegegnungen umfassen jeweils sechs Kategorien. Sie beginnen mit einem Bild, an das sich eine kurze Erzählung anschließt. Es geht weiter mit Fragen, mit denen Sie Gesprächsimpulse setzen können, interessanten Fakten, die ebenfalls die Entwicklung einer Unterhaltung unterstützen können, und Rätselideen, mit denen die grauen Zellen ein bisschen in Schwung kommen. Bei allen Themen finden Sie unter „Das passt noch" weitere Ideen zum Vorlesen oder auch das ein oder andere Lied, das angestimmt werden kann.

Bilder

Mit den Bildern schaffen Sie einen gelungenen Einstieg in die vorgeschlagenen Themen. Die Abbildungen sind besonders groß, damit Menschen mit Sehbeeinträchtigungen sie möglichst gut wahrnehmen. Entscheiden Sie je nach Möglichkeiten und Ressourcen Ihres Gegenübers, wie Sie über das Bild sprechen. Sie haben zum Beispiel folgende Möglichkeiten:

- Fragen Sie, was die Teilnehmenden auf dem Bild sehen. Fragen Sie auch nach Einzelheiten und ob das Bild etwas Bekanntes darstellt.

- Fragen Sie, wann die Teilnehmenden das Abgebildete das letzte Mal gesehen haben. Fragen Sie auch nach persönlichen Empfindungen zu dem Bild.

- Wenn die Teilnehmenden das Bild nicht sehen können ODER wenig bis gar nicht sprechen, dann beschreiben Sie das Bild aus Ihrer Perspektive so genau wie möglich.

Kurze Geschichten

Die kleinen Erzählungen am Anfang sind bewusst positiv gehalten. Sie sind so konzipiert, dass sie Ruhe ausstrahlen und einen achtsamen Blick auf das Thema lenken. Die kleinen Geschichten können in der Praxis langsam vorgelesen werden. Sie bilden den Grundstein für vielfältige Gesprächsimpulse.

Gesprächsimpulse

Bei den Gesprächsimpulsen ist es besonders wichtig, dass Sie die Ideen auswählen, die für Ihr Gegenüber passend und angemessen sind. Die Fragen zu jedem Thema sind bewusst umfassend gewählt und unterscheiden sich in ihrer Komplexität stark. Nutzen Sie im Rahmen einer Kurzbegegnung nicht alle Gesprächsimpulse, sondern die, die am besten geeignet sind.
Achten Sie auch auf die Biografie der Teilnehmenden. Einige Fragen beziehen sich beispielsweise darauf, ob die Menschen etwas mit ihren Kindern gemacht haben. Wer keine Kinder hat, fühlt sich dann eher nicht angesprochen. Sie können diese Fragen daher bei Bedarf auch erweitern auf beispielsweise Nichten und Neffen.
Bei der Auswahl der Gesprächsimpulse sollten Sie die vorhandene Zeit genauso wie die kognitiven Möglichkeiten der Teilnehmenden und die emotionalen Befindlichkeiten im Blick behalten.
Der Umgang mit starken Emotionen kann in der Praxis eine große Herausforderung sein. Selbstverständlich haben wir die Themen und die damit verbundenen Gesprächsimpulse so gewählt, dass im Idealfall der Blick auf die positiven Aspekte des Seins und des Lebens gelenkt wird. Die persönlichen Erfahrungen von Menschen sind allerdings so unterschiedlich, dass es immer passieren kann, dass wir negative Erinnerungen wachrufen. Wichtig ist, dass wir die Menschen genau beobachten, es wahrnehmen, wenn das passiert, und begleiten, soweit es uns möglich ist und von den Menschen gewünscht wird. Was ein Mensch braucht, wenn er traurig, ängstlich oder wütend wird, ist individuell. Ein Gespräch, einen Spaziergang, eine warme Tasse Tee, eine Hand zum Halten oder auch Ruhe und Alleinsein sind einige Ideen, die helfen können.

Wussten Sie das?

Unter dieser Überschrift haben wir interessante Fakten zum Thema zusammengetragen. Einige sind bekannter als andere und manche laden zum Staunen ein.

Auch bei den Fakten in diesem Abschnitt lohnt es sich meist, nur ausgewählte vorzulesen. Wählen Sie immer unter dem Gesichtspunkt aus, was am ehesten für eine angenehme Atmosphäre sorgt und die Teilnehmenden zu eigenen Gesprächsbeiträgen ermuntert.

Rätselideen

Zu jedem Thema schlagen wir jeweils zwei Übungen vor, mit denen das Gehirn trainiert werden kann. Die Übungen variieren in der Schwierigkeit und decken die verschiedenen Ziele eines ganzheitlichen Gedächtnistrainings ab. Übungen für das Gedächtnistraining sind jedoch immer nur so lange sinnvoll, wie die Teilnehmenden Freude empfinden und ein Erfolgserlebnis haben.

Das passt noch

Vielleicht suchen Sie im Anschluss an eine Kurzbegegnung noch nach einer weiteren Idee zum Vorlesen, gemeinsamen Singen oder Musikhören. Dann werden Sie unter der Überschrift „Das passt noch" fündig. Dort finden Sie ergänzende Impulse zum Thema.

Nun wünschen wir Ihnen und den Menschen, die Sie begleiten, viel Freude bei den winterlichen Kurzaktivierungen!

Natali Mallek und Annika Schneider

Badewanne

Entspannungsbad

Ihr Körper tauchte in eine wohltuende Wärme. Monika schloss die Augen und spürte, wie sich jede kleinste Faser in ihrem Körper entspannte und sich eine angenehme Ruhe in ihr ausbreitete. Sie genoss die Stille um sich herum. Sie war vollkommen bei sich. Das Licht einer Kerze flackerte auf der Fensterbank. Der Badeschaum knisterte leise. Monika mochte den Duft, der sich aus der Badewanne im ganzen Raum ausbreitete. Das warme Wasser hüllte sie sanft ein und streichelte behutsam über ihre Haut. Sie fühlte sich wohl. Für einen wundervollen Augenblick konnte sie alles loslassen und sich in dem warmen Wasser sicher getragen fühlen.

Gesprächsimpulse

- Sind Sie jemand, der gerne badet, oder duschen Sie lieber? Hatten Sie beim Baden oder Duschen früher feste Rituale oder Abläufe oder haben Sie sich um die Körperpflege gekümmert, wenn die Zeit dafür am günstigsten war? Hat sich das im Laufe Ihres Lebens verändert? Wie war das in Ihrer Kindheit?

- Wie fühlt sich die Umgebung in der Geschichte beim Zuhören für Sie an? Können Sie die Wärme fühlen und den Schutz des Wassers? Hören Sie das Knistern des Badeschaums, riechen Sie seinen Duft und sehen Sie das langsam flackernde Kerzenlicht? Ist das eine Atmosphäre, in der Sie sich wohlfühlen würden? Oder mögen Sie lieber eine andere Umgebung?

- Die Frau in der Geschichte nutzt das Baden, um sich zu entspannen und einen Moment der Ruhe zu genießen. Was gehört für Sie zu Ihren Wohlfühlmomenten? Wie haben Sie Augenblicke der Ruhe in Ihrem Leben gestaltet? Wobei konnten Sie sich entspannen oder von den Sorgen des Alltags Abstand nehmen?

- Entspannung muss man leben können. Haben Sie Entspannungsmomente in Ihrem Leben gebraucht, um einen Ausgleich zu schaffen, oder waren Sie jemand, der sich eher im Tun wohlgefühlt hat? Waren Ruhephasen vielleicht sogar an der einen oder anderen Stelle anstrengend? Wenn Ruhe guttat, konnten Sie gut hineinfinden?

- Die Frau in der Geschichte kann sich von dem Wasser tragen lassen und ein Stück Verantwortung abgeben. Von wem konnten Sie sich in Ihrem Leben tragen lassen? Gab es jemanden, dem Sie bedingungslos vertraut haben? Wer hat Ihnen Halt gegeben?

Wusssten Sie das?

- Früher nutzten die Menschen Tümpel in der Nähe von heißen Quellen zum Baden. Die ersten Badewannen im Haus waren große Waschzuber aus Holz, die mit heißem und kaltem Wasser gefüllt wurden. Zudem gab es öffentliche Badehäuser, in denen gebadet werden konnte und in denen auch kleinere medizinische Eingriffe vorgenommen wurden.

- Die ersten Badewannen wurden aus Ton und Stein gefertigt. Im Mittelalter folgten die Holzzuber. Ab dem 19.Jahrhundert waren Badewannen aus verzinktem Eisenblech in Gebrauch. Emaillierte Stahlbadewannen gibt es seit Beginn des 20. Jahrhunderts. Am Anfang waren diese freistehend mit Füßen, erst danach kamen die Einbaubadewannen, die wir heute kennen. Heutzutage werden mehr und mehr Kunststoffbadewannen gefertigt.

- Das Loriot-Denkmal „Herren im Bad“ steht auf dem Dorfplatz von Münsing, wo Loriot ab 1963 lebte. Es ist eine Plastik der bekannten Badewanne mit Herrn Müller-Lüdenscheidt, Herrn Dr. Klöbner und natürlich der Quietscheente.

- Eine berühmte Badewanne ist auch die des Künstlers Joseph Beuys, die im Rahmen einer Wanderausstellung des Von der Heydt-Museums ausgestellt war. Zwei Frauen reinigten nichtsahnend die besagte Badewanne, die mit Pflastern und Mullbinden versehen war, um Gläser darin zu spülen. Daraufhin gab es eine Schadensersatzzahlung von 58 000 DM an den Besitzer der Badewanne.

Rätselideen

Zusammengesetzte Wörter

Suchen Sie gemeinsam zusammengesetzte Wörter, die das Wort „Bad" enthalten.

Beispiellösungen: Badehandtuch, Badestrand, Wannenbad, Schwimmbad, Schlammbad, Bademantel, Badewanne, Badezimmer, Solebad, Badeanstalt, Dampfbad.

Durcheinandergewürfelt

Hier ist jeweils eine Redewendung rund um Wasser mit einer anderen Redewendung durcheinandergewürfelt worden. Können Sie erraten, um welche Redewendungen es geht?

- Mit Speck fängt man den Schluck Wasser in der Kurve.
  Lösung: Wie ein Schluck Wasser in der Kurve. / Mit Speck fängt man Mäuse.

- Da steht der Hund bis zum Hals in der Pfanne.
  Lösung: Bis zum Hals im Wasser stehen. / Da wird der Hund in der Pfanne verrückt.

- Aller Anfang fühlt sich wie ein Fisch im Wasser.
  Lösung: Aller Anfang ist schwer. / Sich wie ein Fisch im Wasser fühlen.

Das passt noch

Die Badewanne (1933)

von Joachim Ringelnatz

Die Badewanne prahlte sehr.
Sie hielt sich für das Mittelmeer
Und ihre eine Seitenwand
Für Helgoländer Küstenland.

Die andre Seite – gab sie an –
Sei das Gebirge Hindostan
Und ihre große Rundung sei
Bestimmt die Delagoabai.

Von ihrem schmalen Ende vorn
Erklärte sie, es sei Kap Horn.
Den Kettenzug am Regulator
Hielt sie sogar für den Äquator.

Sie war – nicht wahr, das merken Sie? –
Sehr schwach in der Geographie.
Dies eingebildete Bassin,
Es wohnte im Quartier latin.

Bratäpfel

Bratapfelduft

Es duftete wundervoll nach Zimt und Marzipan. Nach Äpfeln, Mandeln und einem Hauch Vanille. Ursula stand in der Küche und war umhüllt von dem Duft der Bratäpfel, die im Ofen schlummerten und ihr Aroma im ganzen Haus verströmten. Sie rührte die Vanillesoße in dem weißen Emaille-Topf, den ihre Mutter ihr damals zum Auszug geschenkt hatte, an. Ursula liebte diesen Topf und er war ihr ein stetiger Begleiter. Ihr Blick wanderte zwischendurch immer wieder in Richtung Ofen, wo die Äpfel vor sich hin brutzelten. Die Flüssigkeit um sie herum schlug kleine Blasen. Oben auf den Äpfeln bildete sich eine wunderbare Kruste, die im Licht des Ofens goldgelb schimmerte. Ursula genoss diesen Anblick sehr. Und sie liebte den Duft, der sie sanft umhüllte.

Gesprächsimpulse

- Der Duft von Bratäpfeln gehört für viele Menschen in die Advents- und Winterzeit. Mögen Sie Bratäpfel? An was denken Sie bei dem Duft von Bratäpfeln? Welche Erinnerungen werden bei dem Duft von Zimt geweckt?

- Wie wurden Bratäpfel in Ihrer Familie zubereitet? Was gab es dazu? Welche Apfelsorte wurde benutzt? Wer hat die Bratäpfel vorbereitet und in den Ofen geschoben? Gibt es ein besonderes Rezept, nach dem die Äpfel zubereitet wurden?

- Plätzchen, Grünkohl, Glühwein und Stollen – der Winter und die Vorweihnachtszeit locken mit allerlei Düften und Geschmäcken. Welche Gerichte oder Spezialitäten gehören für Sie in die Advents- und Winterzeit? Welche Düfte oder Geschmäcke wecken Erinnerungen an Ihre Kindheit? Welche Erinnerungen sind das? Was haben Sie davon in Ihr weiteres Leben mitgenommen?

- Gab es Geschirr oder Möbel, die Sie aus Ihrem Elternhaus mitgenommen haben oder die Ihnen beim Auszug geschenkt wurden und die bei Ihnen noch lange in Gebrauch waren? Welche Dinge waren das? Welche Erinnerungen sind damit verbunden? Wie lange haben die Dinge Sie begleitet?

- Hatten Sie in Ihrem Leben persönliche Wegbegleiter, auf die Sie sich immer verlassen konnten? Wer war das? In welchen Augenblicken Ihres Lebens war eine haltende Hand da, wenn Sie eine gebraucht haben?

Wussten Sie das?

- Alternativ zur süßen Variante können Bratäpfel auch mit einer deftigen Füllung aus Brot und Zwiebeln (mit aufliegender Blutwurst) oder Blutwurst zubereitet werden.

- Emaille dient heute als Schmelzüberzug zum Beispiel über Glas und Metall. Es bietet, neben dem dekorativen Element, eine Schutzfunktion. Früher wurde Emaille auch in der Goldschmiedekunst eingesetzt. Die erste Hoch-Zeit erlebte die Emaille-Kunst im Mittelalter. Belege für Emaille gibt es bereits aus dem Jahr 1000 n.Chr.

- Aus übriggebliebenen Bratäpfeln und deren Sud kann ein ganz besonderes Apfelmus bereitet werden. Unter Zugabe eines Spritzers Zitrone und Gewürzen nach Belieben werden die Reste (je nach Geschmack ohne die Schale) püriert und abgeschmeckt. Eingefroren schmeckt diese Masse im kommenden Sommer auch als erfrischendes Eis.

- Bratäpfel können gut in einem Römertopf gegart werden. Der Römertopf wurde Ende der 1960er Jahre entwickelt und war besonders in den 1970er Jahren populär. In einem Römertopf werden die Speisen durch den von dem Topf abgegebenen Dampf gegart. Der Topf wird vor der Zubereitung der Speisen gewässert.

Rätselideen

Assoziation

Die Apfelsorten für einen Bratapfel haben meist eine leuchtend rote Farbe. Welche anderen Blumen, Pflanzen, Tiere, Gemüse- und Obstsorten kennen Sie, die eine leuchtend rote Farbe haben können?

Beispiellösungen: Kirsche, Rose, Tulpe, Papagei, Tomate, Paprika, Johannisbeere, Fliegenpilz.

Namen ausdenken

Der Bratapfel hat einen besonderen Geschmack mit allerlei Aromen. Welchen bildlichen Namen könnte man dem Bratapfel noch geben und warum? Bitten Sie die Teilnehmenden, ihrer Fantasie freien Lauf zu lassen.

Beispiellösungen: Marzipanapfel, weil viele Füllungen Marzipan beinhalten; Wunderapfel, weil man dem Apfel von außen nicht ansieht, mit was er gefüllt ist.

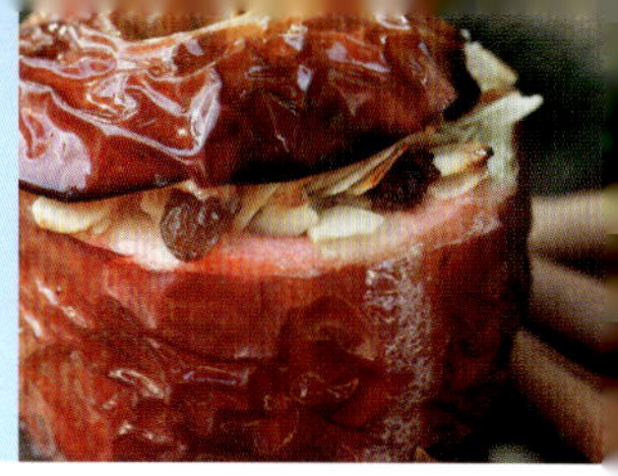

Das passt noch

Der Bratapfel

(Bayerisches Liedgut)

Kinder, kommt und ratet,
was im Ofen bratet!
Hört, wie's knallt und zischt.
Bald wird er aufgetischt,
der Zipfel, der Zapfel,
der Kipfel, der Kapfel,
der gelbrote Apfel.

Kinder, lauft schneller,
holt einen Teller,
holt eine Gabel!
Sperrt auf den Schnabel
für den Zipfel, den Zapfel,
den Kipfel, den Kapfel,
den goldbraunen Apfel!

Sie pusten und prusten,
sie gucken und schlucken,
sie schnalzen und schmecken,
sie lecken und schlecken
den Zipfel, den Zapfel,
den Kipfel, den Kapfel,
den knusprigen Apfel.

Christrosen

Schneelandschaft

In den Morgenstunden hatte es geschneit. Peter stapfte durch den Schnee von der Schule zurück nach Hause. Das hätte er auf dem Hinweg nie und nimmer gedacht, dass er auf dem Rückweg durch eine weiße Schneelandschaft waten würde! Die Schneedecke war schon so dick, dass man Straßen, Wege und Wiesen nicht mehr voneinander unterscheiden konnte. Umso überraschter war er, als er mitten im Schnee eine weiß blühende Blume sah. Er kniete sich hin. Das war eine Christrose. Von der hatte seine Mutter ihm schon oft erzählt. Er hatte aber noch nie eine in der Natur gesehen. Peter staunte über das blühende Leben inmitten des weiß glitzernden Schnees. Ein Gefühl der Hoffnung keimte in ihm auf. Ein Glücksgefühl. Er war überwältigt, dass er in so kurzer Zeit zwei so große Wunder erleben durfte.

Gesprächsimpulse

- Mögen Sie Christrosen? Was verbinden Sie mit den Blumen? Welche Erinnerungen haben Sie an Christrosen oder an Menschen und Momente, die Ihnen damit in den Sinn kommen?

- Christrosen wurden früher als Heilpflanzen gegen die unterschiedlichsten Krankheiten und Beschwerden eingesetzt. Welche pflanzlichen Hausmittel kennen Sie und wie haben Sie diese eingesetzt? Wie haben Ihre Eltern in Ihrer Kindheit Krankheiten bei Ihnen behandelt? Sind Sie jemand, der auf die Wirkung von pflanzlichen Mitteln und Hausmitteln gegen Krankheiten vertraut? Mit welchen (pflanzlichen) Hausmitteln haben Sie gute Erfahrungen gemacht?

- Der Junge in der Geschichte hat ein Auge für das Kleine, für das Besondere. Ihm fällt eine einzelne, kleine Christrose auf, während er sich über die schneebedeckte Landschaft freut. Haben Sie auch so ein Auge für die besonderen Kleinigkeiten? Für kleine Lichtblicke am Wegesrand? Oder kennen Sie jemanden, der einen solchen Blick hat?

- Erinnern Sie sich an Ihren Schulweg? Sind Sie ihn gerne gegangen? Waren Sie allein unterwegs oder mit Schulkameraden? An was auf diesem Weg erinnern Sie sich? Welche besonderen Momente oder Orte haben Sie in den Jahren nie vergessen?

Wussten Sie das?

- Alle Pflanzenteile der Christrose sind giftig. Symptome einer Vergiftung können unter anderem Schwindel, Kreislaufbeschwerden oder Durchfall sein.

- Früher wurde die Christrose bei den Römern gegen Erkrankungen wie Epilepsie oder den sogenannten Wahnsinn verabreicht. In der Antike sollte sie gegen Herzbeschwerden und Zahnschmerzen helfen, galt als menstruationsförderndes Mittel und wurde zur Abtreibung eingesetzt. Im Laufe der Zeit kamen immer mehr Symptome hinzu, die die Christrose lindern sollte. Die tödliche Wirkung bei einer minimalen Überdosis war über die Jahrhunderte bekannt. Heute findet die Christrose in der Volksmedizin als harntreibendes oder abführendes Mittel und als Mittel gegen Ödeme weiterhin Verwendung.

- Christrosen sind in Deutschland in Bayern heimisch. Sie wachsen gerne in Buchen-, Fichten- und Eichenwäldern oder an Hängen mit viel Gebüsch.

Rätselideen

Assoziation

Nicht nur Teile der Christrose können eine heilende Wirkung haben. Überlegen Sie gemeinsam, welche Pflanzen oder Pflanzenteile noch in der Naturheilkunde angewendet werden.
Beispiellösungen: Brennnessel, Johanniskraut, Melisse, Ringelblume, Pfefferminze, Kamille, Baldrian.

Korrektur von Wörtern/Redewendungen/Sprichwörtern

Lesen Sie die folgenden Sätze vor und fragen Sie die Teilnehmenden, was daran nicht richtig ist.

- Zu einer Rose, die auf einem Teich schwimmt, sagt man Meerrose.
  Richtig: Seerose.

- Wenn man alles tut, damit es einer anderen Person so gut wie möglich geht, sagt man: „Jemanden auf Rosen setzen“.
  Richtig: Jemanden auf Rosen betten.

- Wenn man ausdrücken möchte, dass es auch im größten Glück oder Erfolg etwas Unangenehmes zu erleben gibt, sagt man: „Keine Rose ohne Blätter“.
  Richtig: Keine Rose ohne Dornen.

Das passst noch

Die Christrose (19. Jahrhundert)
von Johannes Trojan

In der schweigenden Welt,
Die der Winter umfangen hält,
Hebt sie einsam ihr weißes Haupt;
Selber geht sie dahin und schwindet
Eh' der Lenz kommt und sie findet,
Aber sie hat ihn doch verkündet,
Als noch keiner an ihn geglaubt.

Dicke Socken

Warme Füße

Ein angenehmes Gefühl breitete sich in Richard aus. Er spürte, wie die Wärme ganz langsam in seine Zehenspitzen krabbelte und sich sein Körper entspannte. Richard lag unter der dicken Decke und hatte die dicken handgestrickten Socken über die Füße gezogen. Es war ein wunderschöner Schneespaziergang gewesen, aber die Kälte hatte er unterschätzt. Jetzt genoss er das wohlige Gefühl der Wärme, die in seinen Körper zurückkehrte. Die dicken Socken schmiegten sich an Richards Haut. Sie waren unglaublich weich und fühlten sich sehr angenehm an. Vorsichtig strich er mit einer Hand über die weiche Wolle. Es war ein schönes Gefühl. Von den warmen Socken umhüllt, fühlten seine Füße sich im Nu wunderbar warm an.

Gesprächsimpulse

- Haben dicke Socken auch eine wärmende Wirkung auf Ihren Körper? Wenn ja, welches Material tragen Sie gerne? Welche Art Wolle empfinden Sie als angenehm? Hat jemand Socken für Sie gestrickt? In welchen Momenten haben Sie wärmende Socken getragen?

- Was haben Sie nach langen Spaziergängen bei kaltem oder nassem Wetter gemacht, um sich wieder aufzuwärmen? Haben dicke Socken geholfen, eine warme Decke oder ein heißes Getränk? Gab es für Sie andere Wege, um sich aufzuwärmen?

- Sind Sie jemand, der schnell friert? Bei welchem Wetter und bei welchen Temperaturen fühlen Sie sich wohl? Welches Wetter mögen Sie gar nicht? Bei welchen Temperaturen geht es Ihnen nicht gut? Was machen Sie, um sich die Jahreszeiten, das Wetter oder die Temperaturen, die Ihnen eigentlich nicht guttun, erträglich oder sogar schön zu gestalten?

- Kennen Sie jemanden, der die kleinen Dinge im Leben wie etwas ganz Großes schätzen kann? Jemanden, der sich zum Beispiel wie in der Geschichte sehr über das weiche, angenehme Gefühl der wärmenden Socken freut? Einen Menschen, der aus dem kleinsten Augenblick etwas ganz Wertvolles, Wundervolles macht? Jemanden, der auch Sie selbst mit dieser Freude anstecken konnte? Welcher Wegbegleiter war das? Wie haben Sie die kleinen Dinge am Wegesrand wahrgenommen? Mit wem konnten Sie darüber sprechen, was Sie bewegt? Wer hat die kleinen und großen Augenblicke mit Ihnen geteilt?

- Was fühlte sich in Ihrem Leben schön an? Was waren vertraute Gefühle oder Dinge, die Sie spüren konnten, die Ihnen gutgetan haben? Was hat Ihnen Ruhe vermittelt? Wobei haben Sie sich wohlgefühlt? Was hat Ihnen das Gefühl gegeben, zu Hause zu sein? Wo haben Sie sich geborgen gefühlt?

Wussten Sie das?

- Im 18.Jahrhundert trugen die Männer in Europa weiße Strümpfe und die Frauen farbige. Sie waren aus Seide, Wolle, Baumwolle oder Biberhaaren gefertigt und die Zwickel manchmal mit Gold oder Silberfäden verziert. Als Mittel gegen Mückenstiche halfen Strümpfe aus Leder, die von einigen Frauen getragen wurden.

- Das Wort „stricken" bedeutet so viel wie „eine Schlinge oder einen Knoten binden".

- Das gewerbliche Stricken wurde 1268 erstmals in Paris erwähnt, wo es dafür eine eigene Gilde gab. Derartige Gilden gab es außerdem in Barcelona und den Burgundischen Niederlanden. Das Stricken lag im 16. Jahrhundert in den Händen der Männer. Die Lehrzeit eines hinterher professionellen Strickers betrug sechs Jahre, wovon die Gesellen drei Jahre auf Wanderschaft waren. Die Meisterstücke, ein Teppich, ein Wollhemd und verzierte Strümpfe, mussten innerhalb von drei Monaten angefertigt werden.

- In China und Japan wurde das Stricken erst im 19. Jahrhundert bekannt und populär. Dort wurde vorher gewebt und genäht, Wolle wurde gefilzt. Das Stricken von Hand etablierte sich nach und nach zu Beginn des 20. Jahrhunderts.

Rätselideen

Was würden Sie tun?

Überlegen Sie gemeinsam, was Sie in folgender Situation tun würden:

Sie haben sich neue Socken für ein Rendezvous gekauft. Als Sie sich noch auf einen Absacker treffen und Ihre Schuhe ausziehen, bemerken Sie, dass in der rechten Socke ein Loch am großen Zeh ist ...

Zungenbrecher

Üben Sie gemeinsam den Zungenbrecher „Sieben sockensuchende Schlangen schlängelten sich geschwind durch sechs schattige Sockenschubladen".

Im Mittelpunkt steht der gemeinsame Spaß und nicht die fehlerfreie Aussprache. Sie können den Zungenbrecher auch kürzen, um ihn an den jeweiligen Bedarf anzupassen.

Das passt noch

Ohne Titel (17. Jahrhundert)

von Johann Rist

Der Winter hat sich angefangen,
der Schnee bedeckt das ganze Land,
der Sommer ist hinweggegangen,
der Wald hat sich in Reif verwandt.

Die Wiesen sind vom Frost versehret,
die Felder glänzen wie Metall,
die Blumen sind in Eis verkehret,
die Flüsse stehn wie harter Stahl.

Wohlan, wir wollen wieder von uns jagen
durchs Feuer das kalte Winterleid!
Kommt, laßt uns Holz zum Herde tragen
und Kohlen dran, jetzt ist es dran.

Eichhörnchen

Pfötchen im Schnee

Vom Schlafzimmerfenster aus konnte Karl wunderbar in den Vorgarten sehen. Er beobachtete schon seit einiger Zeit ein Eichhörnchen, das versuchte, seine im Herbst versteckten Nüsse unter der Schneedecke wiederzufinden. Flink, aber gründlich war es auf der Suche. Schaute hier, schnupperte dort ... und hinterließ winzig kleine Pfotenabdrücke im weißen Schnee. Karl stand so ruhig wie möglich an der Scheibe, um das Eichhörnchen auch ja nicht zu erschrecken. Er wusste nicht, ob es ihn überhaupt wahrnehmen würde, wollte aber auf keinen Fall ein Risiko eingehen. Es war ein zauberhaftes Bild, das rotbraune Wesen zwischen den feinen und unberührten Schneekristallen umherflitzen zu sehen. Noch lange stand Karl da und genoss diesen besonderen Augenblick.

Gesprächsimpulse

- Welche Augenblicke sind für Sie ganz besondere Wintermomente? Was haben Sie erlebt, das Ihnen lange in Erinnerung geblieben ist? Welche Geschichten Ihres Lebenswegs erzählen Sie gerne in den Wintermonaten?

- Hatten Sie einen Garten, mit dem Sie durch die Jahreszeiten gegangen sind? Welche Tiere konnten Sie dort im Winter beobachten? Gab es Tiere, die sich in Ihrem Garten heimisch gefühlt haben und immer wiederkamen?

- Halten Sie inne, wenn Sie ein Eichhörnchen sehen, und schauen ihm zu? Haben Sie im Winter schon einmal ein Eichhörnchen auf Nahrungssuche beobachtet? Wie sah das aus? Ist das Eichhörnchen erfolgreich gewesen und hat seine Vorräte entdeckt?

- Eichhörnchen gelten als emsig, flink, scheu und sehr geschickt in ihrer Koordination und Bewegungsfähigkeit. Kennen Sie jemanden, der Sie aufgrund seines Charakters oder seiner guten Beweglichkeit an ein Eichhörnchen erinnert? Wenn ja, warum? Haben Sie selbst einen oder mehrere dieser Charakterzüge?

- Können Sie Tierspuren im Schnee dem jeweiligen Tier zuordnen? Welche Tierspuren können Sie ganz sicher erkennen? Wenn Sie einen Garten hatten: Welche Tierspuren haben Sie regelmäßig im Garten entdeckt?

Wussten Sie das?

- Eichhörnchen können sich, wenn sie sich zusammenrollen, komplett mit ihrem knapp 20 Zentimeter langen Schwanz bedecken und sich so vor Kälte schützen. Außerdem ist der Schwanz eine Steuer-, Balance- und Ruderhilfe und trägt zur Kommunikation mit den Artgenossen bei.

- Eichhörnchen halten keinen Winterschlaf und sind tagaktive Tiere. Im Sommer halten sie in den Mittagsstunden eine Mittagsruhe in ihrem Kobel. Im

Herbst sammeln sie ganztags Nahrung für die Wintermonate. An kalten Tagen sind sie nur wenig aktiv. Eichhörnchen ernähren sich von Beeren, Blüten, Nüssen und Samen, manchmal auch von Insekten oder kleinen Vögeln, Schnecken oder Vogeleiern. Am beliebtesten sind die Früchte und Nüsse von Buche, Eiche, Kiefer, Fichte, Ahorn und auch Kastanien.

- Eichhörnchen helfen den Bäumen und Sträuchern bei der Verbreitung ihrer Samen. Die Eichhörnchen legen in den Herbstmonaten Vorräte für die kalte Jahreszeit an, die sie verstecken. Sie merken sich nicht alle Verstecke. Die Samen und Nüsse, die nicht gefressen werden, können im nächsten Frühjahr keimen und zu einem neuen Baum oder Strauch heranwachsen.
- In Großbritannien, Italien und der Schweiz verbreiten sich Grauhörnchen im Lebensraum der Eichhörnchen. Diese mit den Eichhörnchen verwandten Hörnchen aus Nordamerika wurden im Jahr 1876 in Großbritannien eingeführt.
- Die Familie der Hörnchen, die zu den Nagetieren gehört, umfasst rund 250 Arten. Die Hörnchen unterteilen sich in Erdhörnchen, Flughörnchen und Baumbewohner.

Rätselideen

Reimwörter

Finden Sie gemeinsam Wörter, die sich auf das Wort „Nuss“ reimen.
Beispiellösungen: Fluss, Kuss, Verdruss, Bus, Schuss, Guss, Genuss, Stuss, muss, Schluss.

Kennen Sie das von anderer Stelle?

Sprechen Sie darüber, wann Menschen und Tiere ähnliche Verhaltensweisen an den Tag legen oder welche Menschen und Tiere ähnliche Talente haben.
Eichhörnchen wird manchmal nachgesagt, sie seien hektisch. Wann werden manche Menschen hektisch?
Beispiellösung: Wenn sie Zeitdruck haben und zu spät dran sind.

Das passt noch

Eichhörnchen (19. Jahrhundert)

von Hoffmann von Fallersleben

Heißa, wer tanzt mit mir?
Lustig und munter!
Kopfüber, kopfunter
Mit Manier!

Immerfort
Von Ort zu Ort,
Jetzo hier,
Jetzo dort! Hopp!
Ohne Ruh, ohne Rast,
Vom Zweig auf den Ast,
Vom Ast auf den Wipfel hoch in die Luft,
Im Blättersäusel und Blütenduft!

Immerzu
Ohne Rast, ohne Ruh!
Heut ist Kirms und heut ist Ball!
Spielet, Drossel, Nachtigall,
Stieglitz, Amsel, Fink und Specht,
Pfeift und geigt und macht es recht!
Ich bin ein Mann,
Der tanzen kann.

Hänschen Eichhorn heiß' ich,
Was ich gelernt hab', weiß ich.
Kommt der Jäger in Wald hinein,
Will mir kein Vogel singen;
Hänschen lässt das Tanzen sein,
Tanzen, Hüpfen und Springen;
Hänschen schlüpft hinein zum Haus,
Hänschen schaut zum Haus heraus,
Hänschen lacht den Jäger aus.

Eiskratzer

Gefrorene Scheiben

Christina stand in der Küche und schmierte die Schulbrote für die Kinder. Ein ungewohntes Geräusch ließ sie aufhorchen. Sie schaute nach draußen, konnte aber auf den ersten Blick im schummrigen Licht der Straßenlaternen nichts erkennen. Da hörte sie es erneut. Christina stutzte. Sie überlegte, woher sie es kannte. Einen Augenblick später ging ein Schmunzeln über ihr Gesicht. Ja natürlich. Heute Nacht hatte es gefroren. Die Nachbarn kratzten ihre Autos frei. Noch einmal schaute sie nach draußen. Ihre Nachbarin winkte ihr zu. Sie sah die Eisschicht auf ihrem Auto. Ja, nun war tatsächlich der Winter da. Als die Kinder aus dem Haus gingen, nahm Christina den Schlüssel vom Schlüsselbrett, zog Jacke und Handschuhe an und machte sich auch auf den Weg nach draußen, um das Auto freizukratzen.

Gesprächsimpulse

- Erinnern Sie sich an das Geräusch, das ein Eiskratzer macht, wenn man damit die Scheiben eines Autos freikratzt? Welches Gefühl löst diese Erinnerung bei Ihnen aus? Woran denken Sie? Welches Bild haben Sie vor Augen?

- Welche Erinnerungen haben Sie an kaltes Winterwetter? Denken Sie an blauen Himmel, Sonnenschein und Kleidung, die wunderbar warmhält, oder an grauen Himmel und eine Kälte, die unangenehm ist?

- Wie haben Sie die Wintertage als Kind verbracht? Welche Erinnerungen haben Sie an Winterwetter im Erwachsenenalter? Wie haben Sie Zeit im Freien verbracht?

- Die Frau in der Geschichte hat zu dem Geräusch des Eiskratzens verschiedene Gedanken. Sie freut sich darüber, dass der Winter Einzug gehalten hat, muss aber auch die Autoscheiben freikratzen. Trotz der bevorstehenden Arbeit freut sie sich auf die schönen Seiten des Winterwetters. Gab es jemanden in Ihrem Leben, der die Dinge gut aus mehreren Perspektiven betrachten konnte? Jemanden, der sowohl das halb volle als auch das halb leere Glas betrachten und beide nebeneinander stehen lassen konnte?

Wussten Sie das?

- Gefrorenes Wasser braucht mehr Platz als flüssiges. Es dehnt sich ungefähr um ein Zehntel aus. Andere Flüssigkeiten dehnen sich weniger aus, wenn sie gefrieren.

- Eis ist leichter als Wasser und schwimmt auf der Oberfläche. Alle anderen Stoffe werden schwerer, wenn sie kälter werden oder gefrieren.

- Schon die alten Römer nutzten importiertes Gletschereis zum Kühlen ihrer Getränke. Im 19. Jahrhundert begannen die Menschen, Eis zur Kühlung und Lagerung von Lebensmitteln auf kommerziellem Weg zu vertreiben. Ein Eishändler, manchmal auch Eismann genannt, lieferte Eisblöcke an private Haushalte und Gastronomen, mit denen diese dann verderbliche Nahrungsmittel in einem Eisschrank kühlten. Mit der Verbreitung des Kühlschranks wurden sowohl das Eis als auch dieses Gewerbe nicht mehr benötigt.

- Laut Straßenverkehrsordnung hat ein Fahrzeugführer die Pflicht, dafür Sorge zu tragen, dass seine Sicht beim Fahren nicht behindert wird. Die Scheibe muss vollständig vom Eis befreit werden, es reicht nicht, ein „Guckloch" freizukratzen.

- In Frostperioden sprühen Landwirte bewusst Wasser auf Pflanzen, damit diese mit einer Eisschicht überzogen werden. Durch das Gefrieren entsteht Wärme. Zudem schützt die entstandene Eisschicht die Pflanzenteile.

Rätselideen

Gemeinsamkeiten finden

Finden Sie Dinge, die etwas mit Eis gemeinsam haben.

- Eis erscheint weiß. Was ist noch weiß?
  Beispiellösungen: Schnee, Wolke, Schaf, Ziege, Rosenblüte.

- Eis ist kalt. Was ist noch kalt?
  Beispiellösungen: Wind, Wasser, Luft, Steine.

- Eis ist glatt. Was ist noch glatt?
  Beispiellösungen: Spiegel, Glas, Marmor.

Silben zählen

Bitten Sie die Teilnehmenden, Eis-Wörter nachzusprechen und dabei die Silben zu zählen.
Wortbeispiele: Eisbergsalat (4), Eiskratzer (3), Eiskugelportionierer (8), Blitzeis (2).

Das passt noch

Winterlied (1785)

von Freiherr Johann Gaudenz von Salis-Seewis

Willkommen, lieber Winter,
Willkommen hier zu Land!
Wie reich du bist, mit Perlen
Spielst du, als wär' es Sand!

Den Hof, des Gartens Wege
Hast du damit bestreut;
Sie an der Bäume Zweige
Zu Tausenden gereiht.

Dein Odem, lieber Winter,
Ist kälter, doch gesund;
Den Sturm nur halt' im Zaume,
Sonst macht er es zu bunt!.

Futterhäuschen

Winterschmaus

Robert stand mit einer Tasse frisch aufgebrühtem Kaffee an der Terrassentür und sah nach draußen. Der kalte Frost umhüllte die Landschaft und Robert erinnerte sich daran, wie er früher mit den Kindern behutsam Samen und Nüsse in das kleine, selbst gebaute Futterhäuschen gelegt hatte. Als das Häuschen endlich gut gefüllt am Zweig des Apfelbaumes baumelte, flatterten die Vögel in ihren bunten Federkleidern herbei. Ihr zwitschernder Dank erfüllte die frostige Luft. Robert und die Kinder beobachteten gemeinsam, wie die kleinen Gäste sich am festlichen Buffet labten. Er war dankbar für diese wundervolle Verbindung mit der Natur und für dieses einzigartige winterliche Ritual. Es brachte Wärme in die Kälte, und die Erinnerung daran erfüllte seine Seele immer noch mit Freude.

Gesprächsimpulse

- Gibt es winterliche Erinnerungen, die Sie aus früheren Tagen bis heute behalten haben, weil sie so kostbar sind? Welche Erinnerungen sind das? Welche Bilder sind Ihnen heute noch so präsent, als wären die Erlebnisse gestern geschehen? Mit welchen Menschen haben Sie diese Momente erlebt?

- Haben Sie ein Futterhäuschen gehabt, um die Vögel im Winter bei ihrer Nahrungssuche zu unterstützen? Haben Sie dort nur im Winter Futter hineingelegt oder den Rest des Jahres auch? Welches Futter haben Sie den Vögeln angeboten? Welche Vögel haben die Einladung angenommen? Welche Vogelarten waren in Ihrem Garten heimisch?

- Welche winterlichen Momente in der Natur haben Sie in Ihrem Leben gerne gehabt? Wo hat der Winter Sie verzaubert? An was denken Sie, wenn Sie das Wort „Schnee" hören? Bei welchem Wetter haben Sie gerne Spaziergänge an der frischen Luft unternommen? Wie haben Sie sich vor der Kälte geschützt?

- Haben Sie schon einmal ein Futterhäuschen für Vögel selbst gebaut? Wie sind Sie vorgegangen? Mit wem haben Sie handwerkliche Projekte umgesetzt? Was haben Sie im Laufe Ihres Lebens selbst gebaut und mit wem?

Wussten Sie das?

- Um die Jungvögel während der Aufzucht zu schützen, ist es wichtig, in den Monaten April bis Juli kein fettreiches Futter und große Kerne oder Nüsse auszulegen, da die Vögel es schlecht verdauen und sich daran verschlucken können. Empfohlen für die Fütterung in diesen Monaten werden frisches oder aufgetautes Insektenfutter und Wildkräuter-Sämereien.

- Singvögel können keine Fettdepots anlegen. Morgens ist deshalb an der Futterstelle meist ein hoher Andrang, weil die Reserven aufgebraucht sind und der Hunger groß ist. Über die Mittagszeit ist es meist ruhiger. Erst am Nachmittag und am frühen Abend werden die Reserven für die bevorstehende Nacht gefüllt.

- Meisen suchen in den Wintermonaten besonders gerne die Futterstellen auf. In Deutschland brüten 5,2 bis 6,4 Millionen Kohlmeisen-Pärchen.

- Für die Vogelfütterung werden Futterspender den klassischen Futterhäuschen vorgezogen, da dort die Gefahr von Krankheitserregern kleiner ist. In Futterhäuschen kann es durch Kot oder Viren zu Verunreinigungen des Futters kommen, die den Vögeln schaden.

- Futterstellen sollten an einem übersichtlichen Ort aufgestellt werden, an den sich keine Katzen heranschleichen können. Bäume oder Sträucher in einiger Entfernung schützen vor Angriffen von größeren Vögeln, wie zum Beispiel dem Sperber.

Rätselideen

Wörter, die mit „Fu" beginnen

Finden Sie Wörter, die wie Futterhäuschen mit „Fu" beginnen.
Beispiellösungen: Furche, Fußball, Fundament, Fuchsia, Funktion, fulminant, furchtlos, Fulda, Fuchs, fuhr.

Was passt nicht zu den anderen?

Nennen Sie jeweils die vier aufgeführten Begriffe und fragen Sie die Teilnehmenden, welcher Begriff nicht so richtig zu den anderen passt. Fragen Sie auch immer nach der Begründung. Meistens gibt es mehrere Möglichkeiten, die Übung zu lösen.

- Rotkehlchen, Storch, Zaunkönig, Amsel
  Beispiellösung: Der Storch zieht im Winter in den Süden. Die drei anderen Vögel überwintern hier.

- Kuckuck, Spatz, Amsel, Fink
  Beispiellösung: Der Kuckuck baut kein eigenes Nest, sondern legt seine Eier in fremde Nester.

- Zaun, Hecke, Strauch, Baum
  Beispiellösung: An einem Zaun benötigen Vögel einen Nistkasten, um darin ein Nest zu bauen, in Hecke, Strauch und Baum errichten sie ihre Nester ohne fremde Hilfe.

Das passt noch

Die drei Spatzen (Anfang 20. Jahrhundert)
von Christian Morgenstern

In einem leeren Haselstrauch,
da sitzen drei Spatzen, Bauch an Bauch.

Der Erich rechts und links der Franz
und mittendrin der freche Hans.

Sie haben die Augen zu, ganz zu,
und obendrüber, da schneit es, hu!

Sie rücken zusammen dicht an dicht.
So warm wie der Hans hat's niemand nicht.

Sie hör'n alle drei ihrer Herzlein Gepoch.
Und wenn sie nicht weg sind, so sitzen sie noch.

Glocken

Glockenklang

Bim – bam – bim – bam. Leise zählte Matthias mit. Die Glocke schlug fünf Mal. Es war ein vertrauter Klang. Er kannte die Glocke des Kirchturms schon, seit er ganz klein gewesen war. Durch den Schnee, der in der letzten Nacht gefallen war, klang sie etwas dumpfer als sonst, war ihm aber wie eh und je vertraut. Die Luft duftete und schmeckte nach Schnee. Es war ein schöner Tag gewesen. Es war schon dunkel und der Glockenschlag der Kirchturmuhr sagte den baldigen Beginn des Abends voraus. Dann würde es noch ruhiger auf den Straßen werden. Wenn die Glocke sechs Mal läutete, kamen die Familien zum Abendbrot zusammen. Und dann würde der Abend, immer von Glockenschlägen begleitet, langsam ausklingen.

Gesprächsimpulse

- Woran denken Sie beim Klang einer Kirchturm- oder Turmuhrglocke? Welche Erinnerungen weckt der Glockenschlag bei Ihnen?

- Gibt es eine bestimmte Glocke, an die Sie denken, wenn Sie die Geschichte hören? Denken Sie an eine große Glocke oder an eine kleine? Klingt sie hell oder dunkel? Wo hing diese Glocke?

- Die Glocke in der Geschichte hört sich vertraut an, obwohl sie durch den Schnee ein wenig anders klingt. Was war Ihnen in Ihrem Leben so vertraut, dass Sie es durch Fühlen, Riechen, Sehen, Schmecken oder Hören immer wiedererkannt hätten? Gab es einen oder mehrere Menschen, die Ihnen vertrauter waren als andere? Möchten Sie erzählen, wer das war und warum er oder sie Ihnen so nah war?

- Erinnern Sie sich an Abendrituale aus Ihrer Kindheit? Wann mussten Sie zum Abendbrot zu Hause sein? Wie wussten Sie, wann das war, als Sie noch keine Uhr hatten? Wer hat das Essen vorbereitet? Wer saß mit am Tisch? Wer hat Sie ins Bett gebracht?

- Wie hat sich die Abendstimmung bei Ihnen angefühlt? War das in Ihrer Kindheit ein gutes Gefühl, auf das Sie sich gefreut haben? Hat sich dieses Gefühl im Laufe Ihres Lebens verändert? Wie fühlen Sie sich heute, wenn ein Tag zu Ende geht? Was fühlen Sie, wenn die Sonne untergeht und es ruhiger wird?

Wussten Sie das?

- Im Mittelalter gab es eine sogenannte Feuerglocke, die geläutet wurde und die Menschen weckte, wenn ein Brand ausgebrochen war.

- Bauern binden den Tieren ihrer Herde oft Glocken um den Hals, um sie leichter zu finden, wenn sie sich verlaufen. Die Größe der Glocke wird dabei der Größe des Tieres angepasst.

- Beim Almauf- und -abtrieb tragen die Kühe große Glocken, damit sie von weither gehört werden können.

- Eine der weltweit größten klingenden Glocken ist die Mingun-Glocke in Birma. Sie hat einen Durchmesser von fünf Metern und wiegt um die 90 Tonnen. Für diese Glocke sollte ein eigener Tempel gebaut werden, dessen Bau aber nie fertiggestellt wurde und der das Land finanziell überfordert hat. Die Bauruine ist heute noch zu besichtigen.

- Die Glocke war in vorchristlicher Zeit für die Griechen und Römer ein Symbol für Leben und Harmonie.

- Die größte und schwerste Glocke in Deutschland ist die Petersglocke (der Dicke Peter, auf Kölsch: der Decke Pitter) im Kölner Dom. Sie ist aus Bronze gefertigt und wiegt rund 24 000 Kilogramm.

Rätselideen

Buchstabieren

Lassen Sie die Teilnehmenden verschiedene Wörter buchstabieren, die sich um das Thema „Glocke" drehen. Kürzere Wörter sind einfacher zu buchstabieren. Wer besonders fit ist, kann die Wörter auch rückwärts buchstabieren.

Geeignete Beispielwörter: Turm, Schlegel, Metall, Schwingungen, Klang, Musik, Takt, Schellen, Läuten, Seil.

Reimwörter

Finden Sie gemeinsam Wörter, die sich auf das Wort „Glocke" reimen.

Beispiellösungen: Socke, Flocke, Hocke, Locke, Pocke, rocke, docke, schocke.

Das passt noch

Glockenklang (um 1900)

von Hugo Salus

In dieses Städtchen kam ich, als die Uhr
Just Mittag schlug. Und nun, was hab' ich nur,
Dies Städtchen ist doch so wie hundert andre,
Dass mich's hier hält und ich nicht weiter wandre?

Ein rechtes Nest: um ihren Turm geschart
Die Herde Häuser gar nicht sondrer Art!
Die Augen sind es nicht, die hier so staunen,
Hier fühlt mein Ohr ein wundersames Raunen.

Seit diesem dunklen Mittagsglockenschlag
Ist mir zumut, dass ich nicht weiter mag,
Und muss nur immer in die Lüfte lauschen,
Die mir vertrauten Klang entgegenrauschen.

Mir ist, die Glocke, die da oben klingt
Und die mein Wanderherz zu rasten zwingt,
Hat eine Schwester; mit verwandten Zungen
Hat sie in meinen Kindheitstraum gesungen.

Ich will heut Nacht, in innerstem Verstehn,
Durch dieses mondbeglänzte Städtchen gehn
Und will mir hier in diesen fremden Gassen
Die Märchen meiner Heimat künden lassen.

Graureiher

Ein früher Fischer

Johanna war an diesem Morgen ganz früh aufgestanden. Sie konnte nicht mehr schlafen, zog sich warm an und machte einen kleinen Spaziergang um den nahegelegenen See. Es war winterlich kalt. Über allem lag eine friedvolle Ruhe. An der linken Uferseite entdeckte sie einen majestätischen Graureiher. Seine grauen Federn schimmerten im sanften Licht der aufgehenden Sonne. Er stand regungslos am Ufer. Genau wie sie. Mit einer beeindruckenden Anmut und Ruhe wartete er geduldig auf einen Fisch. Plötzlich tauchte er blitzschnell seinen spitzen Schnabel ins Wasser und holte einen glitzernden Fisch heraus. Johanna war gefesselt von diesem Naturschauspiel. Sie blieb noch eine Weile dort stehen, in dieser verzauberten Ruhe und der ganz besonderen Magie.

Gesprächsimpulse

- Haben Sie je einen Graureiher in der freien Natur erlebt? Erinnern Sie sich an diese Begegnung? Wie nah waren Sie dem Tier? Welche Bilder und Gefühle sind aus dieser Begegnung geblieben?

- Der schreitende Gang und das silbrig-graublau gefärbte Gefieder lassen den Graureiher sehr edel und majestätisch wirken. Hat der Graureiher auf Sie auch diese edle, anmutige Wirkung? Wenn ja, können Sie beschreiben, was Sie an dem Vogel schön finden? Welche Tiere haben für Sie außerdem eine besondere Schönheit? Vielleicht aufgrund ihres Aussehens oder ihrer Charaktereigenschaften?

- Der Graureiher ist auf der Jagd ein sehr geduldiges Tier, das mitunter lange stillstehen und auf Beute warten muss. Sind Sie ein geduldiger Mensch, der auch gut stillsitzen und Ruhe aushalten kann? Oder kennen Sie jemanden, den Sie für diese Fähigkeiten bewundern?

- Graureiher haben keine großen Ansprüche an ihren Lebensraum. Sie können sich gut an die äußeren Bedingungen anpassen, sofern sie in der Nähe eines flachen Gewässers leben und ausreichend Beute darin finden. Wie haben Sie gelebt? Haben Sie sich an vielen verschiedenen Orten wohlgefühlt oder brauchten Sie regelmäßig den Schutz und das Gefühl des eigenen Zuhauses? Sind Sie in Ihrem Leben viel umgezogen? Konnten Sie sich in der neuen Umgebung und dem neuen Umfeld schnell und gut einleben oder fiel Ihnen das schwer? Konnten Sie leicht neue Kontakte knüpfen?

Wussten Sie das?

- Mit über 200 Brutpaaren ist die Haseldorfer Graureiherkolonie in der Gemeinde Haseldorf im Kreis Pinneberg seit ungefähr 1939 eine der größten und bedeutendsten Brutkolonien des Graureihers in Schleswig-Holstein.

- Graureiher streiten sich gerne um das beste Nestbaumaterial in ihrer Umgebung. Das Leben in den einzelnen Kolonien gestaltet sich daher sehr lebhaft. Kommen Feinde den Nestern zu nahe, schließen die Vögel sich zusammen und verteidigen ihre Eier und Jungvögel mit aller Kraft.

- Graureiher sind sehr anpassungsfähig und können daher in verschiedenen Lebensräumen leben. Sie meiden allerdings dichte Wälder und Hochgebirge. Wichtig sind Gewässer mit Fisch in der näheren Umgebung, Graureiher ernähren sich aber auch kurzzeitig von anderen Kleintieren, wie zum Beispiel Mäusen, Reptilien, Fröschen, Schlangen oder Insekten.

- Kommt ein Graureiher von der Jagd, muss er ein umfangreiches Begrüßungsritual absolvieren, bevor er in die Kolonie zurückkommen darf. Dieses umfasst unter anderem bestimmte Bewegungen und Gesten und endet mit dem Überreichen eines Zweiges durch den Heimkehrer.

Rätselideen

Anagramm

Bilden Sie gemeinsam aus den Buchstaben des Wortes „Graureiher" so viele neue Wörter wie möglich.

Beispiellösungen: rau, Reiher, Hai, hier, Gier, rar, Hauer, gar, grau, Reihe, her, Heer.

Synonyme

Graureiher weisen bei der Suche nach Nahrung ein hohes Maß an Geduld auf. Finden Sie Wörter, mit denen man diese Geduld noch beschreiben kann.

Beispiellösungen: Ausdauer, Beharrlichkeit, Durchhaltevermögen, Beständigkeit, Unermüdlichkeit, Langmut.

Das passt noch

Der Reiher (1873)

von Hoffmann von Fallersleben

Wenn spazieren geht der Reiher,
Denkt er über manches nach:
Ob sich's besser fischt am Weiher
Oder besser noch am Bach.

Endlich hat er sich entschlossen,
Geht zum Weiher hin und fischt,
Und da weilt er unverdrossen,
Bis er einen Fisch erwischt.

Warten, das versteht er prächtig,
Langeweile kennt er nicht;
Was er tut, er tut's bedächtig,
Und Geduld ist seine Pflicht. –

Willst du irgendwas erringen,
Lern vom Reiher mancherlei,
Und Geduld vor allen Dingen
Bestens dir empfohlen sei.

Grünkohl

Wintergericht

Frost muss er gehabt haben, bevor man ihn erntet, sonst ist er zu bitter … Luisa dachte beim Grünkohlmachen immer an ihren Großvater, mit dem sie früher oft in der Küche gestanden hatte. Von ihm hatte sie viel gelernt. Es war eine schöne gemeinsame Zeit gewesen. Sie gab Senf in den Topf und rührte den Grünkohl samt Mettwürsten und Kassler vorsichtig um. Es duftete herrlich. Das meiste war geschafft. Jetzt musste es nur noch vor sich hin köcheln. Luisa liebte den unvergleichlichen Geschmack. Und sie liebte es, ihrem Großvater in ihrer Erinnerung für einen Augenblick wieder ganz besonders nah zu sein.

Gesprächsimpulse

- Gibt es Tätigkeiten, die Sie mit ganz besonderen Menschen verbinden? Menschen, mit denen Sie Erinnerungen an eine gemeinsame Zeit teilen? Weggefährten, die Ihnen etwas beigebracht haben? Menschen, die für Sie in besonderen Zeiten da waren? Welche Verbindungen sind das? In welchen Augenblicken sind diese Menschen Ihnen wieder ganz nah?

- Hatten Sie eine gute Beziehung zu Ihren Großeltern? Welche Erinnerungen haben Sie an Ihre Großeltern? Gibt es besondere Momente, die Sie mit ihnen verbinden? Bilder, die sofort wieder präsent sind, wenn Sie an gemeinsame Zeiten denken?

- Essen Sie gerne Grünkohl? Haben Sie den Grünkohl selbst zubereitet? Nach welchem Rezept? Mit welchen Zutaten haben Sie gekocht? Haben Sie den Grünkohl selbst kleingeschnitten? Wie lange haben Sie ihn köcheln lassen? Welche Beilagen gab es dazu?

- Haben Sie Grünkohl im eigenen Garten angepflanzt? Wie lange musste er wachsen? Stimmt es, dass der Grünkohl erst Frost braucht, bevor er geerntet werden kann, damit er genießbar ist? Was konnte noch im Winter geerntet werden? Welche Pflanzen aus Ihrem Garten waren winterhart?

- Zu welchem Geschmack, den Sie auf Ihrem Lebensweg kennengelernt haben, haben Sie besondere Verbindungen? Mit welchem Geschmack oder Gericht verbinden Sie Erinnerungen an besondere Anlässe oder Alltägliches aus Ihrer Vergangenheit, an das Sie sich gerne zurückerinnern?

Wussten Sie das?

- Früher wurde Grünkohl nach dem ersten Frost im Herbst geerntet, da dann seine Bitterstoffe neutralisiert worden waren. Heute pflanzt man oft Grünkohlarten mit einem erhöhten Zuckergehalt an, die man schon früher ernten kann.

- Das Ende der Grünkohlsaison war in vielen Gegenden der Gründonnerstag.
- Zum traditionellen Grünkohlessen begibt man sich in manchen Regionen im Rahmen einer Kohlfahrt (auch Kohltour oder Grünkohlwanderung genannt). Auf diesen Ausflügen werden gemeinsame Spiele gespielt und der ein oder andere Schluck eines alkoholischen Getränks zur Stärkung genommen. Die Fahrten bzw. Ausflüge enden mit einem gemeinsamen Grünkohlessen in einem Restaurant oder Gasthof.
- Als Kohlkönig oder Kohlkönigspaar wird beim Grünkohlessen derjenige ausgerufen, der entweder die meisten Portionen gegessen hat, das meiste Gewicht zugelegt hat, als Letzter noch am Tisch sitzt oder bei den Spielen auf dem Weg „eine gute Figur“ gemacht hat.
- Knieperkohl ist ein Gericht, das Ende des Dreißigjährigen Krieges in Prignitz entstanden ist. Da die Menschen nicht mehr genug Weißkohl für die Herstellung von Sauerkraut hatten, ließen sie die Blätter von Weißkohl, Rotkohl und Grünkohl mit Wein- und Kirschblättern zu einem Sauergemüse gären. Der Kohl wurde anschließend mit Schmalz, Speck, fetter, würziger Wurst oder Kassler in einer Pfanne geschmort und mit Pellkartoffeln serviert.

Rätselideen

Zusammengesetzte Wörter

Suchen Sie gemeinsam zusammengesetzte Wörter, die das Wort „Kohl“ enthalten.

Beispiellösungen: Kohlroulade, Spitzkohl, Weißkohl, Rotkohl, Kohlsuppe, kohlrabenschwarz, Kohlblatt, Kohlweißling, Kohlrübe, Kohlmeise, Kohlkopf, Kohlsalat.

Dinge, die grün sind

Grünkohl ist grün. Sammeln Sie gemeinsam Dinge, die auch grün sind oder grün sein können.
Beispiellösungen: Moos, Gras, Bäume, Sträucher, Äpfel, Zucchini, Gurken, Pflanzen insgesamt, Kleidungsstücke, Paprika, Erbsen, Bohnen, Birnen, Brokkoli.

Das passt noch

O edles Grün (12. Jahrhundert)

von Hildegard von Bingen

O edles Grün,
das wurzelt in der Sonne
und leuchtet in klarer Heiterkeit,
im Rund des kreisenden Rades,
das die Herrlichkeit des Irdischen nicht erfasst:
Umarmt von der Herzkraft himmlischer Geheimnisse
rötest du wie das Morgenlicht
und flammst wie der Sonne Glut.
Du Grün
bist umschlossen von Liebe.

Kaffee

Kaffeeduft

Der Duft des frisch aufgebrühten Kaffees weckte seine Sinne. Es war ein grauer Wintermorgen und Martin suchte nach kleinen Sonnenstrahlen, die ihm den Start in den Tag leichter machen würden. Er saß am Küchentisch und blickte aus dem Fenster. Die Tasse in seinen Händen schenkte ihm Wärme, und der aufsteigende Dampf malte Bilder und kleine Geschichten in die Luft. Martin nahm den ersten Schluck. Sofort verbreiteten sich die Aromen auf seiner Zunge, und die Wärme erfüllte seinen Körper. Er spürte eine sanfte Geborgenheit in diesem vertrauten Ritual. Er schaute noch einmal in die Tasse, dann ging sein Blick nach draußen. Martin atmete auf. Da war er endlich. Dieser eine Sonnenstrahl. Der Lichtblick, auf den er gewartet hatte.

Gesprächsimpulse

- Trinken Sie gerne Kaffee? Können Sie beschreiben, wie Sie ihn gerne trinken und was Ihnen daran schmeckt? Gibt es Rituale oder Anlässe, zu denen Sie eine Tasse Kaffee trinken, oder wird das Heißgetränk nach Belieben in den Alltag integriert?

- Wissen Sie noch, wann Sie das erste Mal Kaffee getrunken haben und wie er Ihnen geschmeckt hat? Bei wem durften Sie ab und an einen Schluck Kaffee probieren? Wie hat sich Ihr Kaffeegeschmack im Laufe Ihres Lebens verändert? Mochten Sie den Kaffee lieber süß oder war gerade das Bittere für Sie ein Genuss? Wie trinken Sie ihn momentan am liebsten?

- Haben Sie früher einen Kaffee am Morgen getrunken, der Sie wach machen sollte? Haben Sie das Gefühl gehabt, dass der Kaffee am Morgen Ihre Sinne wecken konnte? Oder war es mehr das Ritual, das Sie für den Tag in Schwung gebracht und Ihnen einen vertrauten Rahmen geschenkt hat? Vielleicht haben Sie auch lieber Tee getrunken?

- An welche Lichtblicke Ihres Lebens erinnern Sie sich? Was waren kleine und große Sonnenstrahlen, die Ihnen Hoffnung, Freude und Zuversicht gegeben haben? In welchen Momenten haben Sie kleines oder großes Glück empfunden?

Wussten Sie das?

- Das Wort „Kaffee“ kommt aus dem Arabischen. Entdeckt wurden die Kaffeepflanze und die Wirkung ihrer Früchte vermutlich durch einen Zufall. Irgendwann zwischen dem 9. und dem 15. Jahrhundert beobachteten Hirten bei einigen Ziegen, die von einer bestimmten Pflanze mit weißen Blüten und roten Früchten gefressen hatten, dass diese bis tief in die Nacht wach und munter waren. Ihre Artgenossen schliefen derweil tief und fest. Durch Probieren testeten die Hirten die Wirkung bei sich selbst. Ein Aufguss aus den Früchten half ihnen fortan beim Wachbleiben.

- Wissenschaftlich erkannt wurde das im Kaffee enthaltene Koffein durch den Chemiker Friedlieb Ferdinand Runge, nachdem Johann Wolfgang von Goethe auf die Idee kam, die Kaffeebohnen zu destillieren.
- Die ersten Kaffeehäuser in Deutschland entstanden Ende des 17. Jahrhunderts in Bremen, Hamburg und Regensburg.
- Früher benutzte man Kaffeesatz zum Reinigen der braun gestrichenen Fußböden und des Nachtgeschirrs. Der Duft von gebrannten Kaffeebohnen überdeckt zudem unangenehme Gerüche.

Rätselideen

Passende Adjektive

Suchen Sie gemeinsam Adjektive, mit denen man Kaffee beschreiben kann. Berücksichtigen Sie dabei so viele Wahrnehmungskanäle wie möglich.

- Wie sieht Kaffee aus?
- Wie schmeckt und wie riecht Kaffee?
- Wie fühlt sich Kaffee an?

Beispiellösungen: schwarz, dunkelbraun, hellbraun, heiß, warm, kalt, kräftig, mild, aromatisch, dünn, stark, erfrischend, belebend.

Was passiert als Nächstes?

Beschreiben Sie folgende kleine Szene und bitten Sie die Teilnehmenden anschließend, ihre Fantasie spielen zu lassen. Was könnte als Nächstes passieren?

Eine Frau sitzt in einem Café und genießt eine Tasse Kaffee. Sie blättert nebenbei in einer Zeitschrift. Das Lokal ist gut gefüllt. Fast alle Sitzplätze sind belegt. Am Tisch der Frau ist noch ein Platz frei. Ein älterer Herr kommt herein und schaut sich nach einem freien Stuhl um …

Das passt noch

Bohnenkaffee (18. Jahrhundert)

von Friedrich Schiller

Ich will so werden wie die Leute,
die nachts Bohnenkaffee trinken,
und vorm morgigen Geläute,
die Welt mit Leben neu beschenken.
Wer wachend auch zu später Stund verweilt,
des Mattigkeit der schwarze Zauber heilt.

Ist die Nacht auch kühl auf Erden,
In dem Kessel pfeift es heiß,
Fertig soll der Kaffee werden,
Von der Stirne rinnt der Schweiß.
Der Puls schwillt an, es klopft alsbald das Herz,
und reiner Freude weicht der alte Schmerz.

Streif ab die schwere Last der Lider,
mit neuem Schwung zur Tat bereit,
Erwachen sollen deine Glieder
mit der Bohnenkraft Geleit.
Der spürt, wie Blut in seinen Adern schlägt,
wer nur mit Mut erneut zu Werke geht.

Kakao

Heiße Schokolade

Andreas rührte in seiner Tasse und legte eine Hand an den Rand, um sich zu wärmen. Es war ein kalter Wintertag. Sie waren gerade nach Hause gekommen und hatten es sich zu zweit auf dem Sofa gemütlich gemacht. Sein Sohn löffelte den Kakao Schluck für Schluck aus der Tasse. Andreas beobachtete ihn dabei. Es war herrlich, die große Freude in dem kleinen Gesicht zu sehen. Er erinnerte sich, dass er den Kakao als kleiner Junge am liebsten genauso geschlürft hatte. Löffel für Löffel. Am besten schmeckten die kleinen Kakaoklümpchen, die sich beim Erhitzen nicht richtig aufgelöst hatten und im Mund ihr volles Schokoladenaroma entfalteten. Andreas strich seinem Sohn liebevoll über den Kopf und nahm noch einen Schluck aus seiner Tasse.

Gesprächsimpulse

- Schmeckt Ihnen Kakao? Wenn ja, trinken Sie ihn lieber kalt oder als heiße Schokolade? An was denken Sie bei einer Tasse Kakao? Gibt es Erinnerungen, die Kakao bei Ihnen weckt?

- Was haben Sie früher gemacht, um sich nach einem Winterspaziergang aufzuwärmen? Erinnern Sie sich daran, was Ihnen als Kind angeboten wurde, um sich zu wärmen? War das zum Beispiel ein heißes Getränk, eine warme Suppe oder eine kuschelige Decke?

- Gibt es kleine Rituale aus Ihrer Kindheit, die Sie damals für sich entdeckt und gelebt haben? Welche fallen Ihnen ein? In der Geschichte löffelt der kleine Junge den Kakao und lässt Kakaopulver, das sich nicht aufgelöst hat, auf der Zunge zergehen. Kennen Sie so etwas Ähnliches aus Ihrer Kindheit?

- Gibt es Verhaltensweisen oder Charaktereigenschaften, die Sie im Laufe der Zeit bei Ihren Kindern beobachtet haben, die Ihren ähneln? War bzw. ist es ein schönes Gefühl, das beobachten zu dürfen? Oder ist es manchmal schwierig, den sprichwörtlichen Spiegel vorgehalten zu bekommen?

- An welche schönen Momente erinnern Sie sich, in denen Sie sich besonders wohlgefühlt haben? Wo waren Sie und welche Menschen hatten Sie um sich? Gibt es Menschen, denen Sie besonders vertraut und bei denen Sie sich sicher und wohlgefühlt haben?

Wussten Sie das?

- Kakao gehört zu den am meisten gehandelten Agrarrohstoffen. Deutschland verarbeitet jährlich 440 000 Tonnen Rohkakao und ist damit auf Platz 4 der bedeutendsten Verarbeiter von Rohkakao weltweit.

- Im oberen Teil des Amazonasbeckens wurden anhand von Spuren an Tongefäßen Reste einer Kakaopflanze nachgewiesen, die dort mindestens seit dem Jahr 3300 v. Chr. angepflanzt wurde. Um 600 n. Chr. bauten die Maya Kakaopflanzen an. Sie glaubten, dass die Kakaopflanze göttlichen Ursprungs war. Die Azteken schlugen die zerstoßenen Kakaobohnen mithilfe eines Holzquirls in Wasser schaumig zu einem Getränk auf.

- Ungefähr 70 Prozent der weltweiten Kakaoproduktion wird in Westafrika angebaut, am meisten in den Ländern Elfenbeinküste und Ghana. Nur 15 Prozent kommen noch aus den Ursprungsgebieten in Mittel- und Südamerika.

- Die erste Schokoladenfabrik in Deutschland war die Halloren Schokoladenfabrik in Halle an der Saale, die aus einer Konditorei hervorging.

- In Lateinamerika und Europa ist die Verwendung von Schokolade und Kakao als Medizin belegt. Schokolade wurde kräftigende, aphrodisierende Eigenschaften zugesprochen und sie galt als leicht verdaulich. Bis ins 19. Jahrhundert wurde sie in Apotheken verkauft.

- Die ersten Kakaobohnen brachte Christoph Kolumbus aus Amerika nach Europa, seinerzeit konnte man hier aber wenig damit anfangen. Erst als im Jahr 1528 Hernán Cortés Kakao mitbrachte und man diesen mit Honig und Rohrzucker süßte, gewann das Getränk an Beliebtheit. Da diese drei Zutaten sehr kostbar waren, war Schokolade zunächst nur für die Wohlhabenden erschwinglich. Erst der Einsatz von günstigem Kakao, das Zermahlen des Kakaos zu Kakaopulver und der Vormarsch der Zuckerindustrie machten den Kakao zu einem Massenprodukt.

Rätselideen

Kennen Sie das von anderer Stelle?

Schokolade schmilzt in der Sonne. Kennen Sie andere Dinge, die durch Wärme schmelzen?

Beispiellösungen: Eis, Käse, Bonbons, Sahne, Butter, Schnee.

Stichworträtsel

Lesen Sie die Stichwörter langsam vor und lassen Sie die Teilnehmenden erraten, welcher Oberbegriff gesucht wird. Tipp: Alle Begriffe kann man mit Kakaopulver herstellen.

- Teig, ausrollen, backen, Kaffeetisch ⇨ **Plätzchen**
- Heißgetränk, Milch, umrühren, Sahnehaube ⇨ **Heiße Schokolade**
- Rührteig, Form, backen, Stücke ⇨ **Kuchen**
- Milch, Zucker, Speisestärke, Dessert ⇨ **Pudding**

Das passt noch

Singen Sie den folgenden Schlager mit den Teilnehmenden oder hören Sie ihn gemeinsam an.

Ich will keine Schokolade (1959)

von Trude Herr

Kaminfeuer

Kaminabend

So gemütlich hatte sie es sich schon lange nicht mehr gemacht. Lisa rieb sich die Hände und legte sich die rote Wolldecke über die Schultern. Das Feuer im Kamin zauberte das Wohnzimmer in ein angenehmes Licht. Es flackerte ruhig und gleichmäßig vor sich hin. Draußen war es schon dunkel. Bis auf das Feuer waren alle Lichter aus. Sie genoss die Ruhe um sich herum. Nur das Feuer knisterte im Kamin. Die Wärme tat ihr gut. Ihr Körper entspannte sich. Sie trank einen Schluck Tee aus ihrer Lieblingstasse und legte die Beine hoch. Schon lange hatte sie sich nicht mehr so wohlgefühlt.

Gesprächsimpulse

- Haben Sie früher einen Kamin gehabt? Oder haben Sie jemanden gekannt, der einen Kamin oder einen mit Holz betriebenen Ofen hatte? Welche Erinnerungen haben Sie daran? Waren das besondere Augenblicke, das erste Mal an einem Kamin oder einem Feuer im Haus zu sitzen?

- Ist ein Kamin für Sie eine rein nützliche Wärmequelle oder verbinden Sie damit etwas Gemütliches und Entspannendes? Wie fühlt sich die Wärme eines Kaminfeuers an? Mögen Sie diese Art Wärme? Verändert sich Ihre Stimmung im Licht eines Kaminfeuers? Können Sie beschreiben, wie? Weckt die kurze Geschichte bei Ihnen eine angenehme Vorstellung?

- Können Sie ein Kaminfeuer anmachen? Welche Erfahrungen haben Sie im Entzünden eines Kaminfeuers oder auch eines Feuers im Ofen? Haben Sie im Laufe der Zeit besondere Techniken entwickelt? Welches Holz haben Sie am liebsten benutzt? Wie haben Sie das Feuer entfacht?

- Gab es Momente in Ihrem Leben, in denen Sie sich bewusst entspannt oder kleine Pausen gemacht haben? Wie sind Sie in diese Ruhephasen gekommen? Ist es Ihnen gut gelungen, in diesen Augenblicken gedanklich abzuschalten? Womit haben Sie sich entspannt? Was hat Ihnen geholfen, von den Gedanken des Alltags ein wenig Abstand zu bekommen?

- Erinnern Sie sich an Gegenstände, die im Laufe Ihres Lebens für Sie etwas Besonderes waren? Welche Erinnerungen und welche Gegenstände sind das? Warum hatten diese Dinge eine solche Bedeutung für Sie? Was war das für ein Gefühl, wenn Sie diese Gegenstände bei sich hatten?

Wussten Sie das?

- Offene Kamine gibt es seit ungefähr 800 Jahren. Sie entwickelten sich aus den früher üblichen offenen Feuerstellen in Wohnhäusern. Die offenen Kamine dienten gleichzeitig als Kochstelle und zur Raumbeheizung.

- Als die Menschen noch nicht wussten, wie man Feuer selbst macht, übernahmen sie es aus der Natur, zum Beispiel, wenn ein Blitz in einen Baum eingeschlagen hatte oder ein Vulkan ausgebrochen war. In der Steinzeit lernten die Menschen nach und nach, wie man ein Feuer auch selbst entfachen kann.

- Um ein Feuer zu entzünden, benötigt man brennbares Material, Sauerstoff und eine Wärmequelle. Fehlt eine der Komponenten, brennt das Feuer nicht.

- Die alten Griechen und Römer glaubten, dass ein Vulkanausbruch eine Strafe Gottes sei.

- Feuer bot den Menschen früher Licht, Wärme und Schutz vor Raubtieren. Als die fleischliche Ernährung zunahm, diente es auch der Zubereitung und dem Haltbarmachen von Speisen.

- Es gibt Raubvögel in Australien, die Feuer für ihre Jagdzwecke einsetzen. Dafür sammeln die Vögel kleine, noch brennende Zweige und werfen sie ein Stück weiter wieder ab. Das dadurch an einer neuen Stelle entfachte Feuer treibt kleine Tiere, wie Vögel, Insekten oder Eidechsen, aus ihren Verstecken, sodass die Raubvögel sie leicht erbeuten können.

- Der Vogel Phönix aus der Mythologie baut sich ein Nest, in dem er am Ende seines Lebens verbrennt, um nachher aus der übrig gebliebenen Asche wieder neu zu entstehen.

Rätselideen

Korrektur von Redewendungen

Lesen Sie die folgenden Sätze vor und fragen Sie die Teilnehmenden, was daran nicht richtig ist.

- Wenn man für eine Person sehr viel riskieren würde, dann sagt man: Für jemanden durchs Feuer hüpfen.
  Richtig: Für jemanden durchs Feuer gehen.

- Wenn man für eine Sache oder eine Person eine große Leidenschaft hegt, dann ist man Feuer und Wasser.
  Richtig: Feuer und Flamme.

- Wenn zwei Personen gegensätzlicher nicht sein könnten, dann sind sie wie Feuer und Erde.
  Richtig: Wie Feuer und Wasser.

Sätze vollenden

- Lesen Sie die folgenden Satzanfänge vor und lassen Sie die Teilnehmenden ganz nach Belieben ergänzen.

- Feuer ist ein Element, das ich mag, wenn ...

- Wenn ich ein Kaminfeuer sehe, ...

- Wenn ein Feuer knistert, ...

Das passt noch

Altes Kaminstück (1824)

von Heinrich Heine

Draußen ziehen weiße Flocken
Durch die Nacht, der Sturm ist laut;
Hier im Stübchen ist es trocken,
Warm und einsam, stillvertraut.

Kaminfeuer

Sinnend sitz ich auf dem Sessel,
An dem knisternden Kamin,
Kochend summt der Wasserkessel
Längst verklungne Melodien.

Und ein Kätzchen sitzt daneben,
Wärmt die Pfötchen an der Glut;
Und die Flammen schweben, weben,
Wundersam wird mir zu Mut.

Dämmernd kommt heraufgestiegen
Manche längst vergessne Zeit,
Wie mit bunten Maskenzügen
Und verblichner Herrlichkeit.

Schöne Fraun, mit kluger Miene,
Winken süßgeheimnisvoll,
Und dazwischen Harlekine
Springen, lachen, lustigtoll.

Ferne grüßen Marmorgötter,
Traumhaft neben ihnen stehn
Märchenblumen, deren Blätter
In dem Mondenlichte wehn.

Wackelnd kommt herbeigeschwommen
Manches alte Zauberschloss;
Hintendrein geritten kommen
Blanke Ritter, Knappentross.

Und das alles zieht vorüber,
Schattenhastig übereilt.
Ach! da kocht der Kessel über,
Und das nasse Kätzchen heult.

Kissen

Fliegende Federn

Julia musste genauer hinsehen. Flogen da etwa Federn aus dem Kissen? Sie schüttelte noch einmal. Vorsichtiger. Und tatsächlich. Nach all den Jahren versuchten die Daunenfedern aus ihrem Lieblingskissen, das Weite zu suchen. Julia war hin- und hergerissen. Einerseits war da die Wehmut, dass der Stoff einen Riss hatte, andererseits der Zauber der durch die Luft schwebenden Federn. So zart und schwerelos. Ein bisschen fühlte sie sich wie im Märchen von Frau Holle. Julia nahm ihr Kissen behutsam in beide Arme. Sie wurde ruhig und spürte die sichere Geborgenheit, die sie immer spürte, wenn sie sich in ihr Kissen kuschelte. Es war ein schönes Gefühl. Sie schmunzelte. Einmal schüttelte sie noch. Dann machte sie sich auf die Suche nach dem Riss, um ihn zu nähen.

Gesprächsimpulse

- Welches Gefühl überwiegte bei Ihnen beim Zuhören: die Wehmut über das kaputte Kissen und die Vorstellung, die Federn auffegen zu müssen? Oder die Freude über die Federn, die wie Schneeflocken umherfliegen? Wie haben Sie das vorrangige Gefühl empfunden?

- Sind Sie jemand, der Ordnung und feste Strukturen mag, oder lassen Sie sich lieber von Ihren Gedanken und Ihrer Fantasie treiben? Finden Sie vielleicht zwischen beidem auch ein gutes Gleichgewicht? Konnten Sie Ihr inneres Kind im Laufe der Jahre bewahren? Wenn ja, ist es ein Kind, das sich laut bemerkbar macht und von Zeit zu Zeit immer mal wieder an die Oberfläche kommt? Oder ist es ein eher leises, schüchternes Kind, das tief im Innern zu spüren ist, das andere aber sehr selten oder gar nicht zu Gesicht bekommen?

- Wie gefällt Ihnen das Märchen von Frau Holle? Sehen Sie die Geschichte und die Charaktere heute mit anderen Augen als in Ihrer Kindheit? Welcher Charakter bzw. welche Figur hat Ihnen am besten gefallen? Wen mochten Sie gar nicht? Wie war Ihr Gefühl gegenüber Frau Holle – mochten Sie sie oder hatten Sie Respekt vor der Frau?

- Gibt es für Sie einen Gegenstand, ein Möbelstück oder einen Raum, mit oder in dem Sie sich sicher geborgen fühlen? Welcher Ort oder welcher Gegenstand ist das? Wissen Sie, warum Sie dort diese Geborgenheit fühlen? An welche Momente der Geborgenheit erinnern Sie sich?

- Sind Sie jemand, der Dinge, die kaputtgegangen sind, gerne selbst repariert oder reparieren lässt, oder haben Sie diese lieber neu gekauft? Hat sich dies im Laufe Ihres Lebens verändert? Wenn ja, gab es Gründe dafür, die Ihnen bewusst sind?

Wussten Sie das?

- Kissen werden ihrer Füllung oder ihrem Verwendungszweck nach deklariert. Mit Daunenfedern gefüllte Kissen sind besonders weich und anschmiegsam. Kissen mit Füllungen aus Körnern, Kernen, Raps, Torf oder Tonerde werden in der Kälte- bzw. Wärmetherapie angewandt.

- Spezielle Seitenschläferkissen, auf denen man ein Bein ablegen kann, werden zur Entlastung der Hüfte eingesetzt.

- Früher haben sich manche Kinder beim Rollschuhlaufen Kissen um das Gesäß oder die Hüften gebunden, um im Falle eines Sturzes einen Schutz vor dem Aufprall zu haben.

- Ende des 19. Jahrhunderts wurde in der britischen Stummfilmkomödie „A favourite nursery scene", die weniger als zwei Minuten dauert, eine Kissenschlacht gezeigt.

- Der 200-jährige Gedenktag der „Schlacht bei Jena und Auerstedt" (1806) wurde im Jahr 2006 von 300 Menschen in Form einer Kissenschlacht am historischen Handlungsort nachgestellt. Viele Zuschauer und sogar das öffentlich-rechtliche Fernsehen verfolgten dieses Ereignis, das Teil der Masterarbeit eines Studenten der Bauhaus-Universität Weimar war.

Rätselideen

Sprichwort

Es gibt das bekannte Sprichwort „Ein gutes Gewissen ist ein sanftes Ruhekissen".

- Was bedeutet es?
  Beispiellösung: Wenn man sich nichts zuschulden hat kommen lassen, kann man sorgenfrei schlafen und muss sich keine Gedanken machen.

- Welche Sprichwörter oder Redewendungen haben eine gegenteilige Bedeutung?
  Beispiellösungen: „Lügen haben kurze Beine“, „Wer im Glashaus sitzt, sollte nicht mit Steinen werfen“.

Zungenbrecher

Üben Sie gemeinsam den Zungenbrecher „Kleine kurze Kissen kitzeln kitzlige Kinder, während kuschelige Katzen kühn auf die karierten Kissen klettern“.

Im Mittelpunkt steht der gemeinsame Spaß und nicht die fehlerfreie Aussprache. Sie können den Zungenbrecher auch kürzen, um ihn an den jeweiligen Bedarf anzupassen.

Das passt noch

Die Feder (1910)

von Joachim Ringelnatz

Ein Federchen flog über Land;
Ein Nilpferd schlummerte im Sand.

Die Feder sprach: „Ich will es wecken“;
Sie liebte, andere zu necken.

Aufs Nilpferd setzte sich die Feder
Und streichelte sein dickes Leder.

Das Nilpferd öffnete den Rachen
Und musste ungeheuer lachen.

Lichterkette

Licht im Dunkeln

Es war ein heller Schein in der Dämmerung. Klein, aber mit einer wunderschönen Leuchtkraft. Sarah hatte die Lichterkette um die Weidenäste auf der Fensterbank dekoriert. Draußen war es dämmrig. Als Sarah die Lichterkette anmachte, erstrahlte die Fensterbank in einem warmen Licht. Der Anblick erwärmte ihr Herz. Hoffnung kam in die Dunkelheit. Erinnerungen kamen zurück. Erinnerungen an dunkle Tage, die eine kleine Lichterkette viel heller gemacht hatte. Gedanken an eine Zeit, die etwas ganz Besonderes war. Eine Zeit voller Vorfreude, Düfte und Lichterglanz, der die Herzen trotz der dunklen Nächte erwärmt und erhellt.

Gesprächsimpulse

- In der Advents- und Winterzeit zaubern Lichterketten ein ganz besonderes Bild in unsere Straßen und Häuser. Welche Erinnerungen wecken Lichterketten bei Ihnen? An was denken Sie, wenn Sie mit Lichterketten geschmückte Fenster, Hecken und Tannenbäume sehen? Haben Sie früher in der Adventszeit mit Lichterketten geschmückt? Wenn ja, was haben Sie geschmückt? Aus welchem Grund haben Sie die Lichterketten angemacht?
- Licht ist in den Wintermonaten ein Hoffnungsschimmer an dunklen, kalten und kurzen Tagen. Licht tut uns gut und erinnert uns an helle und warme Stunden unseres Lebens. Was fühlen Sie, wenn Sie in den Wintermonaten Lichter sehen? Wie verändert sich Ihre Stimmung, wenn Sie kleine Lichter anmachen und Kerzen anzünden?
- Es gibt warme und kalte Lichter an Lichterketten. Lichter, die eher gelb oder weiß schimmern. Welche Lichtfarbe finden Sie schöner? Womit verbinden Sie diese Farben?
- Mögen Sie lieber echtes Kerzenlicht oder das Licht der Lichterketten? Oder beides, es kommt nur darauf an, wo das Licht scheint?
- Mit welchen Lichtern wurde der Weihnachtsbaum bei Ihnen zu Hause beleuchtet? Gab es Lichterketten mit Kerzen oder echte Wachskerzen, die am Heiligen Abend angezündet wurden? Warum haben Sie sich für diese Art der Weihnachtsbaumbeleuchtung entschieden? Hat sich daran im Laufe Ihres Lebens etwas verändert?

Wussten Sie das?

- Im Christentum steht das Licht für die Erlösung der Menschen aus der Dunkelheit. In der Schöpfungsgeschichte wurde das Licht am zweiten Tag erschaffen. Im Buddhismus gibt es das Ziel der Erleuchtung.

- Der Sehsinn bzw. Lichtsinn ist für viele Tiere einer der wichtigsten Sinne. Neben der Fähigkeit, sich zu orientieren, können sie damit kommunizieren, Beute aufspüren, Gefahren erkennen und ihren Tag-Nacht-Rhythmus steuern.

- Infrarotes Licht empfinden wir auf unserer Haut als Wärme.

- Bienen sind in der Lage, UV-Licht zu sehen.

- Fällt Licht auf helle Farben, wird viel davon zurückgegeben. Es wird reflektiert. Deshalb können helle Farben bzw. Oberflächen manchmal sogar blenden. Dunkle Farben dagegen schlucken viel Licht und reflektieren nur wenig.

Rätselideen

Gegenteile finden

Licht kann viele Eigenschaften haben. Finden Sie das Gegenteil zu den folgenden Eigenschaften von Licht:

- hell, farbig, warm, angenehm, belebend, strahlend, kräftig, hilfreich
  Beispiellösungen: hell – dunkel, farbig – farblos, warm – kalt, angenehm – unangenehm, belebend – beruhigend, strahlend – schummrig, kräftig – kraftlos, hilfreich – störend.

Buchstabieren

Lassen Sie die Teilnehmenden verschiedene Dinge buchstabieren, die Licht bringen. Kürzere Wörter sind einfacher zu buchstabieren. Wer besonders fit ist, kann die Wörter auch rückwärts buchstabieren.
Geeignete Beispielwörter: Feuer, Leuchte, Glühbirne, Lichterkette, Kerze, Flamme, Lampe, Taschenlampe, Stirnlampe, Scheinwerfer.

Das passt noch

Am Weihnachtsbaum, die Lichter brennen (1841)

von Gustav Hermann Kletke

Am Weihnachtsbaum die Lichter brennen,
Wie glänzt er festlich, lieb und mild,
Als spräch' er: Wollt in mir erkennen
Getreuer Hoffnung stilles Bild.

Die Kinder stehn mit hellen Blicken,
Das Auge lacht, es lacht das Herz;
O fröhlich', seliges Entzücken!
Die Alten schauen himmelwärts.

Zwei Engel sind hereingetreten,
Kein Auge hat sie kommen sehn,
Sie gehn zum Weihnachtstisch und beten,
Und wenden wieder sich und gehn:

„Gesegnet seid ihr alten Leute,
Gesegnet sei du kleine Schar!
Wir bringen Gottes Segen heute
Dem braunen wie dem weißen Haar.

Zu guten Menschen, die sich lieben,
Schickt uns der Herr als Boten aus,
Und seid ihr treu und fromm geblieben,
Wir treten wieder in dies Haus!" –

Kein Ohr hat ihren Spruch vernommen,
Unsichtbar jedes Menschen Blick,
Sind sie gegangen, wie gekommen,
Doch Gottes Segen blieb zurück!

Märchenbuch

Es war einmal

Ein unbeschreibliches Gefühl machte sich in ihm breit. Langsam und behutsam blätterte Hartmut die Seiten des dicken Märchenbuchs um. Er erinnerte sich an jedes Bild, an jedes Märchen, an jedes Gefühl, das ihn als Kind beim Zuhören begleitet hatte. Der Geruch der Seiten war ihm so vertraut. Obwohl es schon Jahrzehnte her war, dass er das Märchenbuch zuletzt in den Händen gehalten hatte, kam es ihm vor, als sei es gestern gewesen. In Gedanken hörte er die Stimme seines Vaters, der ihm fast jeden Abend etwas vorgelesen hatte. Hartmut stand in der Diele und setzte sich in den hellen Sessel neben dem Sekretär. Er fing an zu lesen. Er las bis in die Nacht hinein und tauchte ein in eine Welt, in der er als kleiner Junge schon einmal gewesen war.

Gesprächsimpulse

- Welche Erinnerungen haben Sie an die Märchen Ihrer Kindheit? Welche Märchen haben Sie gerne gelesen oder gehört? Gab es ein Lieblingsmärchen, das Sie immer und immer wieder hören oder lesen wollten? Wissen Sie noch, warum Sie dieses Märchen so in seinen Bann gezogen hat?

- Wer hat Ihnen in der Kindheit Geschichten vorgelesen? Welche Geschichten wurden vorgelesen? Zu welcher Tageszeit wurde Ihnen vorgelesen? Gab es besondere Rituale, an die Sie sich erinnern?

- Haben Sie im Erwachsenenalter Ihren eigenen Kindern, Enkeln, Nichten/Neffen, Nachbarskindern oder Kindern von Freunden vorgelesen? Wie haben Sie dieses Vorlesen gestaltet? Wer hat die Geschichten ausgewählt? War es Ihnen wichtig, Märchen vorzulesen? Welche Märchen haben/hätten Sie gerne vorgelesen?

- Welche Märchenfiguren haben Sie als Kind am liebsten gehabt? Gibt es eine Märchenfigur, mit der Sie sich identifizieren? Haben Sie sich mal gewünscht, eine bestimmte Märchenfigur zu sein? Welche Märchenfigur war das? Warum wollten Sie gerne so sein, was hat Sie an dieser Figur gereizt?

- Kennen Sie das, dass Sie sich auch Jahre später an Düfte und Gerüche erinnern? Dass Düfte ganz eigene und intensive Erinnerungen mit sich bringen? Gibt es Düfte, die Sie mit besonderen Personen oder Ereignissen in Verbindung bringen? Welche sind das? Wonach duftet für Sie der Winter? Erinnern Sie sich an den Duft Ihres Zuhauses? Woran erinnert Sie der Duft einer ausgeblasenen Kerze? Fühlen sich diese Erinnerungen gut an? An welche Düfte und die dazugehörigen Ereignisse erinnern Sie sich gerne?

- Gab es in Ihrer Kindheit oder auch später im Erwachsenenalter Bücher- oder Geschichtenwelten, in die Sie voll und ganz eintauchen konnten? Geschichten, die Sie in eine andere Welt entführt haben? Eine Welt, in der Sie sich wohlgefühlt haben? Welche Geschichten oder Geschichtenreihen waren das? Was hat Sie an den Geschichten oder den handelnden Charakteren so fasziniert?

Wussten Sie das?

- Die Gebrüder Grimm haben 1806 in Kassel mit dem Sammeln ihrer Märchen angefangen. Die Märchen wurden in den ersten Jahren durch den Bruder Wilhelm immer wieder überarbeitet, damit sie für das breite Publikum geeignet waren.
- Im Jahr 2005 wurden die „Kinder- und Hausmärchen" in das UNESCO-Weltdokumentenerbe aufgenommen.
- Das tschechische Märchen der Schriftstellerin Božena Němcová „Drei Haselnüsse für Aschenbrödel" wurde vor allem durch seine Verfilmung bekannt. Seit dem Jahr 1973 gehört es zu den Filmklassikern und wird jedes Jahr um die Weihnachtszeit im deutschen Fernsehen gezeigt.
- In der Geburtsstadt der Gebrüder Grimm, in Hanau, finden seit 1985 die „Brüder Grimm Festspiele" statt. Im Rahmen dieser Festspiele werden zwischen Mai und Juli ausgewählte Märchen der Gebrüder Grimm aufgeführt. In Berlin finden seit dem Jahr 1990 an 17 Tagen im November die Berliner Märchentage statt, die die Besucher zu rund 800 Veranstaltungen an verschiedenen Orten einladen.

Rätselideen

Was passt nicht zu den anderen?

Nennen Sie jeweils die vier aufgeführten Begriffe und fragen Sie die Teilnehmenden, welcher Begriff nicht so richtig zu den anderen passt. Fragen Sie auch immer nach der Begründung. Meistens gibt es mehrere Möglichkeiten, die Übung zu lösen.

- Das hässliche Entlein, Rapunzel, Des Kaisers neue Kleider, Die Prinzessin auf der Erbse
  Beispiellösung: Das Märchen „Rapunzel" ist von den Gebrüdern Grimm, die anderen drei sind von Hans Christian Andersen.

- Der Wolf und die sieben jungen Geißlein, Dornröschen, Der Froschkönig, Die Bremer Stadtmusikanten
  Beispiellösung: In allen genannten Märchen spielen Tiere eine Hauptrolle, außer in „Dornröschen".

- Apfelbaum, Ofen, Erbsen, Kissen
  Beispiellösung: Erbsen kommen nicht in dem Märchen „Frau Holle" vor.

Verstecktes Wort

Lesen Sie die sieben Wörter jeweils langsam vor und fragen Sie dann, in welchen zwei Wörtern sich das Wort „Buch" versteckt.

- Halstuch, Besuch, Wucht, ge**buch**t, Versuch, betucht, **Buch**teln, Betrug.

Das passt noch

Ohne Titel (1802, posthum)

Novalis

Wenn nicht mehr Zahlen und Figuren
Sind Schlüssel aller Kreaturen,
Wenn die, so singen oder küssen,
Mehr als die Tiefgelehrten wissen,
Wenn sich die Welt in's freie Leben,
Und in die Welt wird zurück begeben,
Wenn dann sich wieder Licht und Schatten
Zu echter Klarheit werden gatten,
Und man in Märchen und Gedichten
Erkennt die ewgen Weltgeschichten,
Dann fliegt vor Einem geheimen Wort
Das ganze verkehrte Wesen fort.

Mandarinen

Lieblicher Duft

Es spritzte, als er den Finger in die orangefarbene Schale drückte, um die Mandarine zu pellen. Ihr einzigartiger Duft erfüllte den Raum. Ulrich hielt einen Augenblick inne. Dieser Duft war ihm sehr vertraut. Und es war jedes Jahr wieder ein ganz besonderes Erlebnis, die erste Mandarine zu probieren. Er strich mit den Fingern über die Schale. Außen war sie glatt und zugleich ein wenig schrumpelig … innen war sie wunderbar weich. Er löste sie so behutsam wie möglich von der Frucht. Früher hat er immer mit seinem großen Bruder um die Wette geschält und hinterher gemessen, wer das größte zusammenhängende Stück Schale hatte. Bei dem Gedanken musste er schmunzeln. Als Ulrich die Mandarine geschält hatte, trennte er ein Stück ab und biss genüsslich in sein erstes Stück Mandarine in diesem Jahr.

Gesprächsimpulse

- Mögen Sie Mandarinen? Wenn ja, essen Sie lieber die süßen oder die sauren Mandarinen? Wie haben Sie Mandarinen geschält? Hat Ihnen als Kind jemand geholfen und den ersten Riss in die Schale gemacht?

- An was denken Sie beim Duft einer Mandarine? Welche Erinnerungen weckt er? Welche Gefühle spüren sie? Sind die Erinnerungen mit guten Gefühlen verbunden?

- Wurden in Ihrer Familie am 6. Dezember Mandarinen auf den Nikolausteller oder in den Nikolausstiefel gelegt? Was hat der Nikolaus noch gebracht? Können Sie die Legende vom heiligen Nikolaus erzählen? Welche Rituale gab es in Ihrer Familie am Nikolaustag?

- Haben Sie Geschwister? Wenn ja, wie heißen sie und wie ist der Altersabstand zu ihnen? Gab es Situationen, in denen Sie sich mit Ihren Geschwistern gemessen haben? Was konnten Sie besser als Ihre Geschwister? Worin waren Ihre Geschwister besonders gut? Welche schönen Erinnerungen haben Sie an Ihre Geschwister?

- Welches Obst essen Sie gerne im Winter? Was bereiten Sie daraus zu? Gibt es besondere Gerichte mit Obst, die in den Wintermonaten in Ihrer Familie gerne gegessen wurden und auf die sich alle gefreut haben?

Wussten Sie das?

- Die Mandarine gehört mit den Zitronen, den Orangen und den Pampelmusen zu den Zitrusfrüchten. Sie stammt ursprünglich aus China und wurde in Europa nach den Beamten des chinesischen Kaisers, den Mandarin, benannt, die eine leuchtend orange Uniform trugen.

- Kreuzungen aus Mandarine und Orange werden Clementine genannt. Clementinen haben weniger Kerne und eine dickere Schale als Mandarinen.

- Mandarinen werden im Herbst geerntet und sind im Handel zwischen Oktober und Januar erhältlich. Ganzjährig kann man sie in Dosen kaufen. Die Schale der in Konservendosen erhältlichen Mandarinen wird in einem Bad aus Salzsäure abgeätzt. Die Haut wird anschließend in Natronlauge abgelöst. Zu guter Letzt werden die Mandarinenstücke mit Wasser abgespült und in einer Zuckerlösung in Konservendosen abgefüllt.

- Die ersten Mandarinen kamen im Jahr 1805 über England nach Europa. Erstmals sicher erwähnt wurden sie im 12. Jahrhundert v. Chr. in China.

Rätselideen

Wörter, die mit „Ma" beginnen

Finden Sie Wörter, die wie Mandarine mit dem Buchstabenpaar „Ma" beginnen.
Beispiellösungen: Marmelade, Mama, malen, Marke, Maus, Marder, Maßstab, Mauer, Mais, Mann.

Dinge, die orange sind

Mandarinen sind meistens orange. Sammeln Sie gemeinsam Dinge, die orange sind oder orange sein können.
Beispiellösungen: Orangen, Clementinen, Paprika, Physalis, Kleidungsstücke, Chrysanthemen, Blumen allgemein, Möhren, Eidotter, Goldfische, Katzen.

Das passt noch

Zitate rund um Farben

- „Die Farbe hat mich. Ich brauche nicht nach ihr zu haschen. Sie hat mich für immer. Das ist der glücklichen Stunde Sinn: Ich und die Farbe sind eins. Ich bin Maler." – Paul Klee
- „Orange ist die glücklichste Farbe." – Frank Sinatra
- „Licht ist mehr als Farbe." – Kurt Kluge
- „Will man sehr feine Dinge sichtbar machen, so muss man sie färben." – Joseph Joubert
- „Wenn dir jemand seine wahren Farben zeigt, vertraue ihm." – Dolly Parton
- „Wie soll ich einem Blinden erklären, was Farbe ist." – Jürgen Klopp
- „Auf die Dauer der Zeit nimmt die Seele die Farbe der Gedanken an." – Mark Aurel

Mond

Leuchtende Scheibe

Er war schon immer ein Lichtblick in der Dunkelheit. Und er wird es immer sein. Mal rund und dick, mal gebogen und schmal. Melanie saß in eine Decke gehüllt auf der Terrasse und betrachtete den Mond. Es war zwei Tage nach Vollmond. Bis auf ein kleines Stück fehlte ihm nichts an seiner Vollkommenheit. Der Himmel war sternenklar und der Mond hüllte die Erde in ein wunderschönes Licht. Melanie wippte leicht in ihrem Schaukelstuhl. Ihr Blick war weiterhin nach oben gerichtet. Der Mond hatte sie schon immer fasziniert. So weit weg und doch so nah ... so groß und doch nur ein kleiner Teil für uns sichtbar. Er wird ein Wunder bleiben. Auch wenn, oder gerade, weil, er nicht immer alles von sich preisgibt.

Gesprächsimpulse

- Haben Sie sich schon einmal gewünscht, den Mond aus der Nähe zu betrachten? Vielleicht sogar, einmal dort spazieren zu gehen? Wie stellen Sie sich das Gefühl vor, wenn Sie dort sein dürften? Hat der Mond etwas Geheimnisvolles, Anziehendes für Sie? Birgt das Unbekannte auch Unbehagen? Wie hat sich der Mond in Ihrer Vorstellung im Laufe Ihres Lebens verändert?

- In der dritten Strophe von „Der Mond ist aufgegangen“ heißt es: „Seht ihr den Mond dort stehen? Er ist nur halb zu sehen und ist doch rund und schön! So sind wohl manche Sachen, die wir getrost verlachen, weil unsre Augen sie nicht sehn.“ Haben Sie in Ihrem Leben Menschen an Ihrer Seite gehabt, die einen Blick für das Wesentliche hatten? Menschen, die bei anderen auch hinter die Fassade schauen und wissen wollten, wie es ihnen wirklich ging? Die Dinge wahrgenommen haben, die mit dem Auge nicht zu sehen waren? Wer war das? Konnten Sie diese Eigenschaft schätzen?

- Der Mond in der Geschichte ist am schwarzen Nachthimmel ein wunderschöner Lichtblick. Zwar ein kleiner, aber ein unglaublich wirkungsvoller. Haben bzw. hatten Sie in Ihrem Leben einen scharfen Blick für kleine Glücksmomente? Hatten Sie Zeit und Ruhe, diese zuzulassen? Wenn nicht immer, hatten Sie diese Möglichkeit in einer bestimmten Lebensphase?

- Die Frau in der Geschichte empfindet den Mond und seine Wirkung als ein Wunder. Gab es kleine oder große Wunder in Ihrem Leben? Umstände, Ereignisse oder auch Personen als Wegbegleiter, die unerwartet und als Wunder auf einmal vor Ihnen standen? Erzählen Sie uns davon?

- Gibt es einen Ort, an dem Sie sich besonders wohlfühlen oder wohlgefühlt haben? Die Frau in der Geschichte fühlt sich in ihrem Schaukelstuhl besonders geborgen. Sie wippt langsam vor und zurück und kann ihren Gedanken und Gefühlen in vollkommener Vertrautheit Raum geben. In welcher Umgebung oder in der Nähe von welcher Person fühlen Sie sich besonders beschützt und frei?

Wussten Sie das?

- Der Mond dreht sich im Monat ein Mal um die Erde und um sich selbst.
- Bei einer Mondfinsternis wirft die Erde ihren Schatten auf den Mond, sodass dieser dunkler wird. Dafür müssen die Erde, die Sonne und der Mond auf einer Linie liegen. Schiebt sich die Erde ganz zwischen Sonne und Mond, nennt man das eine vollkommene Mondfinsternis. Eine Mondfinsternis kommt weltweit nur ungefähr 150-mal in einem Jahrhundert vor.
- Wir sehen immer dieselbe Seite des Mondes, da er sich genauso schnell um sich selbst wie um die Erde dreht. Seine Rückseite war bis ins Jahr 1959 unerforscht. Eine sowjetische Raumsonde machte damals erste Fotos davon.
- Bis auf Merkur und Venus haben alle Planeten unseres Sonnensystems einen oder sogar mehrere Monde. Die meisten Monde hat Jupiter. Der größte der Monde unseres Sonnensystems heißt Ganymed und ist ein Mond des Jupiter.
- Der Mond ist mit seiner anziehenden Wirkung auf die Erde für Ebbe und Flut verantwortlich. Der Mond wirkt dabei wie ein Magnet und zieht das Wasser auf der Erde an.
- Der Mond hat, anders als die Erde, keine Atmosphäre. Seine Oberfläche ist daher zum Beispiel nicht vor Meteoriteneinschlägen geschützt.

Rätselideen

Gegenteile finden

Der Mond kann viele Eigenschaften haben. Finden Sie Gegenteile zu den folgenden Eigenschaften des Mondes.

- rund, hell, einzigartig, groß, nah, schmal, voll
  Beispiellösung: rund – eckig, hell – dunkel, einzigartig – gewöhnlich, groß – klein, nah – fern, schmal – breit, voll – leer.

Was passiert als Nächstes?

Beschreiben Sie folgende kleine Szene und bitten Sie die Teilnehmenden anschließend, ihre Fantasie spielen zu lassen. Was könnte als Nächstes passieren?

Ein junger Mann steht mitten in der Nacht an seinem Schlafzimmerfenster. Er kann nicht schlafen und schaut auf den hell leuchtenden Vollmond. Nach einer Weile entdeckt er seinen Nachbarn gegenüber, der ebenfalls am Fenster steht. Dann …

Das passt noch

Mondnacht (1835)

von Joseph von Eichendorff

Es war, als hätt der Himmel
die Erde still geküsst,
dass sie im Blütenschimmer
von ihm nun träumen müsst.

Die Luft ging durch die Felder,
die Ähren wogten sacht,
es rauschten leis die Wälder,
so sternklar war die Nacht.

Und meine Seele spannte
weit ihre Flügel aus,
flog durch die stillen Lande,
als flöge sie nach Haus.

Mütze

Die warme Mütze

Thomas zog seine Mütze ein Stück tiefer. Seine Ohren fühlten sich eiskalt an. Er legte seine Hände einen Moment darüber, um sie zu wärmen. Der Wind wehte kräftig durch die Straßen. Es duftete nach Winter. Thomas steckte seine Hände wieder in die Hosentaschen. Er spürte eine große Dankbarkeit für die Mütze, die seinen Kopf vor der Kälte schützte. Er erinnerte sich, dass er Mützen als Kind überhaupt nicht gemocht hatte. Er hatte es als unglaublich anstrengend empfunden, dass seine Mutter im Winter immer darauf bestand, dass er eine trug, denn die kratzigen Mützen waren sehr lästig. Aber heute war er dankbar dafür.

Gesprächsimpulse

- Tragen Sie gerne Mützen? Haben Sie als Kind gerne Mützen getragen? Gab es eine Lieblingsmütze? Womit haben Sie sich im Winter gegen Kälte und Wind geschützt? Haben sich Ihre Gewohnheiten im Laufe Ihres Lebens verändert?

- Gab es Kleidungsstücke, die sie als Kind nicht mochten, aber tragen mussten? Welche waren das?

- Wie schützen Sie sich vor Kälte? Was machen Sie, wenn Sie frieren? Trinken Sie einen heißen Tee, benutzen Sie eine Wärmflasche oder warme Socken?

- Gibt es Dinge, die Sie in Ihrer Kindheit nicht gerne gemacht haben, bei denen Sie aber im Erwachsenenalter verstanden haben, warum sie wichtig sind? Gab es Momente im eigenen Elternsein, in denen Sie frühere Entscheidungen Ihrer Eltern nachvollziehen konnten und ganz ähnlich entschieden haben? Haben diese Erfahrungen etwas an der Beziehung zu Ihren Eltern verändert? Oder konnten Sie dadurch Ihre eigenen Kinder besser verstehen?

- Wofür sind Sie in Ihrem Leben dankbar? In welchen Augenblicken haben Sie eine tiefe Dankbarkeit verspürt? Haben sich Ihr Gefühl der Dankbarkeit und die Dinge, für die Sie dankbar sind, im Laufe Ihres Lebens verändert? Wenn ja, erzählen Sie uns, wie?

Wussten Sie das?

- Das Wort „Mütze“ hat sich langsam entwickelt. Aus dem ursprünglichen arabischen Wort für „Pelzmantel mit langen Armen“ entstand das mittellateinische Wort für einen „Umhang, der die Schultern und den Kopf bedeckt“ und meist von Geistlichen getragen wurde. Im Mittelhochdeutschen bezog sich die Bezeichnung „almuz“ immer mehr auf die Kapuze und wurde schlussendlich auf den Begriff „Mütze“ verkürzt.

- Mützen unterscheiden sich von Hüten dadurch, dass sie keine Hutkrempe haben.

- Mützen werden ihrer Art nach benannt (zum Beispiel Baskenmütze, Schirmmütze, Pelzmütze oder Schiffermütze), nach Berufen oder Tätigkeiten (zum Beispiel Barrett, Kochmütze, Narrenkappe, Schiebermütze oder Nachtmütze), nach ihrer religiösen Verwendung (zum Beispiel Mitra, Schtreimel oder Takke) oder sie werden Sportarten zugeordnet (zum Beispiel Badekappe oder Baseballcap).

- Im Winter wird dazu geraten, bei niedrigen Temperaturen eine Mütze zu tragen, da der menschliche Körper über den Kopf viel Wärme verliert.

Rätselideen

Gemeinsamkeiten finden

Finden Sie Dinge, die etwas mit einer Mütze gemeinsam haben.

- Eine Mütze fühlt sich weich an. Was fühlt sich noch weich an?
  Beispiellösungen: Pullover, Kissen, Plüschtier, Katze.

- Eine Mütze hält warm. Was hält noch warm?
  Beispiellösungen: Jacke, Schal, Wärmflasche, Decke.

- Eine Mütze zieht man auf den Kopf. Was kann man noch auf den Kopf ziehen?
  Beispiellösungen: Hut, Kopftuch, Perücke, Kappe, Ohrenwärmer.

Was würden Sie tun?

Überlegen Sie gemeinsam, was Sie in folgender Situation tun oder denken würden:

Sie brauchen unbedingt eine warme Mütze. In den Geschäften gibt es aber nur noch Mützen, die Ihnen viel zu groß sind ...

Das passt noch

Mützen (19. Jahrhundert)

von Hoffmann von Fallersleben

Wundertätig ward die Mütze,
Die dereinst Francesco trug
Das ist Wunder doch genug!

Die französische Freiheitsmütze
Ward zur Kaiserkrone gar
O wie groß, wie wunderbar!

Und des Preußen Landwehrmütze
Ward ein deutscher Siegeshut
Und dies Wunder tat uns gut.

Doch bei unsern heut'gen Mützen
Ist von Wunder keine Spur,
Denn es sind – Schlafmützen nur.

Plätzchen

Weihnachtsbäckerei

Der Duft, der sich im ganzen Haus verbreitete, war einzigartig. Ingo legte den Teigklumpen, den er in der Hand hatte, auf den Tisch und drückte ihn platt. Er streute ein wenig Mehl darüber und rollte den Teig mit einem Nudelholz aus. Zwei Bleche Plätzchen waren schon fertig gebacken. Haselnussmakronen und Hildabrötchen kühlten auf dem Kuchenrost aus. Ingo strich mit dem Handrücken über seine Nasenspitze. Das Mehl, das sich überall verteilt hatte, kitzelte ihn auch dort. Er drückte einen Stern, eine Glocke und einen Tannenbaum in den ausgerollten Teig und legte die Figuren vorsichtig auf das Backblech. Buttergebäck mit seinen verschiedenen Formen und Verzierungen war ihm das liebste. Zufrieden und voller Vorfreude schob er bald darauf das Blech mit den Plätzchen in den Ofen.

Gesprächsimpulse

- Welche Plätzchen erinnern Sie an die Adventszeit Ihrer Kindheit? Haben Sie in der Familie gemeinsam Plätzchen gebacken? Wenn ja, welche? Wer hat mit Ihnen gebacken? Welches Gebäck gehörte in der Vorweihnachtszeit auf den Plätzchenteller? Worauf haben Sie sich am meisten gefreut? Welcher Duft weckt diese Erinnerungen am meisten?

- Gibt es Plätzchenrezepte, die zu einem Familienrezept geworden sind und alle Jahre wieder fleißig gebacken werden? Von wem waren die Rezepte? Welche Erinnerungen werden geweckt, wenn Sie diese Plätzchen backen?

- Haben Sie gerne Plätzchen gebacken? Gab es neben Plätzchen noch etwas anderes, das Sie in der Vorweihnachtszeit gerne gebacken oder zubereitet haben?

- Haben Sie einmal eine große Menge von allem oder nach und nach immer ein bisschen gebacken?

- Der Mann in der Geschichte macht auch nach zwei fertig gebackenen Plätzchensorten fleißig, geduldig und gewissenhaft weiter. Können Sie das auch? Sind Sie jemand, der geduldig ist und bei der Arbeit bleibt, bis das, was getan werden muss, erledigt ist? Oder suchen Sie sich lieber kleine Zeitfenster und erledigen Aufgaben Stück für Stück?

- Was bedeutet Vorfreude für Sie? Gibt es Unterschiede zu dem Gefühl aus der Kindheit und der Vorfreude im Erwachsenenalter? Worauf haben Sie sich als Kind besonders gefreut? Worauf richtete sich Ihre Vorfreude im Erwachsenenalter? Haben Sie die Veränderung dieses Gefühls in den Jahren bewusst wahrgenommen? Was schätzen Sie an dieser Veränderung?

Wussten Sie das?

- Das Plätzchenbacken hat sich in Deutschland ab dem 18. Jahrhundert parallel zum Genuss von Kaffee, Tee und Kakao entwickelt. Da die Zutaten hierfür, zum Beispiel Zucker, Kakao und Mandeln, zu Beginn noch sehr teuer waren, wurde der Genuss von Gebäck zum Kaffeekränzchen nur den oberen Schichten der Gesellschaft zuteil. Mit Beginn der Gewinnung von Zucker aus Zuckerrüben im 19. Jahrhundert bot sich auch in den einfacheren Haushalten die Möglichkeit, zu besonderen Anlässen Plätzchen zu backen.

- Belege für rituelles Backen zu Festen und besonderen Anlässen gibt es schon aus vorchristlicher Zeit. Die Ursprünge des weihnachtlichen Backens liegen vermutlich in den Klöstern des Mittelalters. Dort wurden unter anderem die Rezepte für Lebkuchen und Christstollen entwickelt. Die stimmungsaufhellende Wirkung von Muskatnüssen, zum Beispiel in Pfeffernüssen und Lebkuchen, wurde von Hildegard von Bingen beschrieben.

- Der Grundteig zahlreicher Plätzchenrezepte ist ein Mürbeteig. Dieser wird nach der Verfeinerung mit weiteren Zutaten ausgerollt und ausgestochen, mit den Händen geformt, in eine Form gedrückt, geschnitten oder gespritzt und anschließend in den Ofen geschoben.

- Das Wort „Plätzchen“ ist die Verkleinerungsform des Wortes „Platz“, das mundartlich einen „flach geformten Kuchen“ bezeichnet. Das Wort „Keks“ stammt vom englischen „cakes“ für „Kuchen“.

Rätselideen

Quizfragen

Lesen Sie die Quizfragen vor und lassen Sie die Lösung erraten. Wenn es für die Teilnehmenden eher schwierig ist, die Quizfragen zu beantworten, können Sie nur zwei der Lösungsmöglichkeiten nennen und durch Ihre Stimme und Betonung bei der Auswahl der richtigen Lösung helfen.

Wie heißt eine bekannte Plätzchensorte?

- Grasboden
- **Heidesand (Lösung)**
- Rosenerde

Wie viele verschiedene Plätzchensorten werden auf dem Nürnberger Christkindlesmarkt angeboten?

- **Mehr als 5000 (Lösung)**
- Mehr als 500
- Mehr als 50

Wie heißt der Grundteig, der die Basis vieler Plätzchenrezepte ist?

- Hefeteig
- Rührteig
- **Mürbeteig (Lösung)**

Zusammengesetzte Wörter

Suchen Sie gemeinsam zusammengesetzte Wörter, die das Wort „Teig" enthalten.

Beispiellösungen: Waffelteig, Teigschaber, Teigling, Plätzchenteig, Knödelteig, Pfannkuchenteig, Teigkugel, Teigroller, Teigrezept, Teigmischung, Teigwaren.

Das passt noch

Vom Honigkuchenmann (19. Jahrhundert)

von Hoffmann von Fallersleben

Keine Puppe will ich haben –
Puppen gehn mich gar nichts an.
Was erfreun mich kann und laben,
ist ein Honigkuchenmann,
so ein Mann mit Leib und Kleid
durch und durch von Süßigkeit.

Stattlicher als eine Puppe
sieht ein Honigkerl sich an,
eine ganze Puppengruppe
mich nicht so erfreuen kann.
Aber seh' ich recht dich an,
dauerst du mich, lieber Mann.

Denn du bist zum Tod erkoren -
bin ich dir auch noch so gut,
ob du hast ein Bein verloren,
ob das andre weh dir tut:
Armer Honigkuchenmann,
hilft dir nichts, du musst doch dran!

Reibekuchen

Pfannengericht

Für Ingrid war das Reibekuchen-Backen mehr als nur Kochen. Sie stand in der Küche und machte sich auf die sinneserweckende Reise, auf die sie sich schon lange gefreut hatte. Der erdige Geruch von rohen, frischen Kartoffeln lag in der Luft, während sie eine nach der anderen von Hand raspelte. Danach formte sie die klebrige, mit Eiern, Zwiebeln und Gewürzen angereicherte Masse mit Hingabe und briet sie in der Pfanne sanft an. Das Zischen und Knistern der sich goldbraun verfärbenden Reibekuchen war Musik in ihren Ohren. Der Anblick, wie sie langsam gebacken wurden, ließ ihr das Wasser im Mund zusammenlaufen. Sie freute sich auf das leichte Knuspern und die harmonischen Aromen. Und auf die zufriedenen Gesichter ihrer Lieben.

Gesprächsimpulse

- Mögen Sie Reibekuchen? Haben Sie Reibekuchen schon einmal selbst gemacht? Wo haben Sie die Reibekuchen ausgebacken? Wie essen Sie Reibekuchen am liebsten? Haben Sie Tipps, wie das Selberbacken am besten gelingt? Wie werden die Reibekuchen innen saftig und außen schön knusprig?

- Gibt es Gerichte, auf die Sie sich besonders freuen? Gerichte, bei denen die Vorfreude besonders groß ist, weil sie so gut schmecken oder sie so selten gekocht werden? Haben Sie diese Gerichte selbst gekocht oder gab es jemanden in der Familie oder im Freundeskreis, der diese Köstlichkeiten zaubern konnte? Was sind Gerichte, die für Sie unbedingt in die Winterzeit gehören?

- Die Frau in der Geschichte empfindet eine große Vorfreude auf die Reibekuchen und das gemeinsame Essen. In welchen Momenten in Ihrem Leben haben Sie Vorfreude empfunden? Wie hat sich diese Freude im Laufe der Zeit in den verschiedenen Lebensphasen verändert? Worauf haben Sie sich als Kind besonders gefreut? Welche Augenblicke haben Sie im Erwachsenenalter herbeigesehnt?

- An welche Düfte haben Sie schöne Erinnerungen? Welche Düfte wecken Gefühle in Ihnen, die guttun? Das können beispielsweise Essensdüfte sein, aber auch Blumen, Parfums, Räume oder Gebäude, Menschen, die Sie umarmt haben, Düfte, die Sie mit besonderen Ereignissen verbinden usw.

- Was haben Sie in Ihrem Leben mit Hingabe gemacht? Woran hatten Sie eine besondere Freude? Was war Ihnen so wichtig, dass Sie gerne viel Kraft hineingegeben haben? Haben Sie das Gefühl, dass Sie für diese Hingabe etwas zurückbekommen haben? Wenn ja, was war das? Wie fühlt sich dieser Weg rückblickend an? Was durften Sie aufgrund dieser Haltung für Ihr Leben mitnehmen?

Wussten Sie das?

- Im Lexikon findet man die Fladen aus geriebenen Kartoffeln, Zwiebeln, Eiern und Gewürzen unter dem Stichwort „Kartoffelpuffer". Im Rheinland heißen sie Reibekuchen, in Westfalen werden sie Reibeplätzchen genannt, im Süden Bayerns Reibe(r)datschi, in Nordbayern Detscher, in der Eifel und in Köln Krebbelche oder Riefkooche. Dätschi sagen die Osthessen und Thüringer, Backes/Baggers die Franken. Klitscher nennen die Sachsen das beliebte Kartoffelgericht, Fratzer die Menschen im Erzgebirge und Pickert heißen sie in Teilen Ostwestfalens.

- Der Begriff „Kartoffel" leitet sich von dem italienischen Wort für Trüffel ab: tartufolo. Die Kartoffel gehört zu den wichtigsten Nahrungsmitteln weltweit.

- Da viele Teile der Kartoffelpflanze giftig sind, wurde sie 2022 zur Giftpflanze des Jahres gewählt.

- Im Rheinland werden Reibekuchen mit Zuckerrübensirup serviert. Für dessen Herstellung wird der Saft von gekochten Rübenschnitzen gepresst und eingedickt. Zuckerrübensirup schmeckt zugleich süß und würzig. Zuckerrübensirup wird auch zum Backen und Kochen verwendet und als Brotaufstrich verzehrt.

Rätselideen

Wörter, die mit „Rei" beginnen

Finden Sie Wörter, die wie Reibekuchen mit den Buchstaben „Rei" beginnen.

Beispiellösungen: Reise, Reifen, reiten, Reitstiefel, rein, Reiz, Reisig, Reim, Reis, reif, reisen, reiben, reizen.

Synonyme

Um Reibekuchen zu formen, müssen die Kartoffeln zerkleinert werden. Finden Sie Wörter, die ein Synonym für „zerkleinern“ oder eine Art des Zerkleinerns sind.

Beispiellösungen: reiben, zerstückeln, kleinschneiden, hacken, schnetzeln, zerstoßen, zerbröckeln, mahlen, durchdrücken.

Das passt noch

Kartoffellied (18. Jahrhundert)

von Matthias Claudius

Pasteten hin, Pasteten her,
Was kümmern uns Pasteten?
Die Kumme hier ist auch nicht leer,
Und schmeckt so gut, als bonne chère
Von Fröschen und von Kröten.

Und viel Pastet und Leckerbrot
Verdirbt nur Blut und Magen.
Die Köche kochen lauter Not,
Sie kochen uns viel eher tot;
Ihr Herren laßt euch sagen!

Schön rötlich die Kartoffeln sind
Und weiß wie Alabaster!
Sie däun sich lieblich und geschwind
Und sind für Mann und Frau und Kind
Ein rechtes Magenpflaster.

Rouladen

Kochtrio

Wie in jedem Jahr standen die drei zusammen in der Küche. In Simons Erinnerung lebte ein wundervoller Moment auf. Es war der Moment, in dem er mit seinen beiden Söhnen das erste Mal gemeinsam Rouladen selbst zubereitet hatte. Der Duft von Zwiebeln durchzog die Küche, während sie das zarte Fleisch mit Senf bestrichen und sorgfältig mit Speck und saurer Gurke belegten. Das gemeinsame Rollen und Umwickeln der Rouladen wurde in den nachfolgenden Jahren zu einem festen Ritual. Sie lachten unbeschwert und tauschten Geschichten aus, die sie im Laufe des Jahres erlebt hatten. Die Vorfreude auf das gemeinsame Essen hüllte sie in eine einzigartige Leichtigkeit. Simon war erfüllt von einer tiefen Dankbarkeit.

Gesprächsimpulse

- Gibt es besondere Rituale oder Ereignisse, die Sie mit Ihren Kindern oder Nichten und Neffen erlebt haben und an die Sie sich heute gerne zurückerinnern? Was waren das für Momente? Konnten Sie dieses Miteinander auch in dem Moment schon schätzen oder kam das Gefühl des Besonderen erst später auf?

- Haben Sie Rouladen früher selbst zubereitet? Gab es einen Metzger Ihres Vertrauens, bei dem Sie das Fleisch dafür gekauft haben? Wie haben Sie die Rouladen gefüllt? Welche Variante wurde am liebsten gegessen? Gibt es ein Rezept oder eine besondere Technik, die Ihnen die Zubereitung der Rouladen erleichtert hat?

- Wann kam in Ihrer Kindheit die Familie im Alltag zusammen und hat sich über das, was sie bewegt hat, unterhalten? Welche Rituale haben Sie gemocht? Welche waren eher anstrengend?

- In welchem Rahmen haben Sie sich als Erwachsener in der Familie oder auch mit Freunden über Ihren Alltag, Ihre Sorgen und die schönen Erlebnisse, die Sie bewegt haben, ausgetauscht? Haben Sie sich zum gemeinsamen Essen, zum Kaffee oder Spielen verabredet? Wen haben Sie regelmäßig getroffen? Mit wem haben Sie regelmäßig telefoniert?

- Mit welchem Begleiter Ihres Lebenswegs durften Sie unbeschwerte Zeiten erleben? Mit wem konnten Sie lachen und weinen, ohne ein komisches Gefühl dabei zu haben? Wer war Ihnen ein zuverlässiger und stützender Halt in guten und schweren Tagen?

- Welche Lebensgeschichten erzählen Sie gern und häufig? Welche Anekdote haben Sie mitgenommen und erzählen Sie immer und immer wieder? Warum ist Ihnen dieses Erlebnis so wichtig, dass Sie es nicht mehr loslassen möchten?

Wussten Sie das?

- Die klassischen Varianten der Rouladen sind die Kohlroulade, die Kalbsroulade, die Fischroulade und die Rinderroulade. Ein Rezept für eine Kalbsroulade mit Selleriefüllung findet sich bereits in dem 1740 erschienenen Kochbuch „Le Cuisinier gascon".

- Rouladen sind eine Spezialität aus Deutschland, Österreich, Tschechien und Polen. Sowohl die Art der Füllung als auch die traditionellen Beilagen sind regional unterschiedlich.

- „Roulade" bezeichnet auch eine schnelle Abfolge von auf- und absteigenden Noten, die auf einer Silbe gesungen werden. Die Bezeichnung „Roulade" leitet sich von dem französischen Wort „rouler", das „rollen" bedeutet, ab.

- Süße Rouladen werden mit einer Teigplatte aus Biskuit zubereitet. Bereits in österreichischen Kochbüchern aus den Anfängen des 19. Jahrhunderts findet man Rezepte für Biskuit-Rouladen. Die Biskuitplatten werden in der klassischen Variante mit Marmelade bestrichen, gerollt und dann mit Puderzucker bestäubt.

Rätselideen

Alphabetische Reihenfolge

Bringen Sie die folgenden drei Rouladen-Gerichte auf der Speisekarte eines Restaurants in die richtige alphabetische Reihenfolge.

- Kohlroulade mit Wirsing
- Rinderroulade mit Speck
- Jägerrouladen mit Pilzen

Lösung: Jägerrouladen mit Pilzen, Kohlroulade mit Wirsing, Rinderroulade mit Speck.

Satz mit Wörtern bilden

Bitten Sie die Teilnehmenden, einen Satz zu bilden, der die folgenden drei Wörter beinhaltet. Wenn Sie die Übung leichter gestalten möchten, geben Sie nur zwei Wörter oder ein Wort vor.

Winter - Rouladen - gerne

Das passt noch

Die Rouladen

Was wär der schönste Kloß
ohne reichlich Soß.
Wir haben eingeladen,
es gibt heute Rouladen.

Zwiebeln, schön geschmort,
da geb ich dir mein Wort.
Gürkchen, nicht zu klein,
wickeln wir mit ein.

Gerollt und festgesteckt,
auf dass es später schmeckt.
Suppengemüse fein,
kommt in den Topf mit rein.

Der Wein, er darf nicht fehlen,
er wird die Soß beseelen.
Dann heißt es nur noch: warten,
vielleicht im schönen Garten.

So vergeht die Zeit,
dann ist das Mahl bereit.
Der Geschmack beglückt,
alle sind entzückt.

Schal

Weiche Wolle

Sophie rieb ihre Wange an der Wolle, die sich um ihren Hals schmiegte. Es war ein wundervolles Gefühl. Sie liebte den Winter. Und sie liebte ihren Schal. Er hatte sie schon so viele Winter begleitet. Das Geschenk ihrer Freundin lag ihr sehr am Herzen. Der Schal war selbst gestrickt, aus unglaublich weicher Wolle in ihren Lieblingsfarben. Es war jeden Winter ein ganz besonderer Moment, wenn sie ihn das erste Mal trug. Ein Augenblick voller Erinnerungen an zauberhafte Spaziergänge im Schnee, Besuche auf Weihnachtsmärkten und ein gemütliches Zusammensein oder eine Tasse heißen Tee im Wintergarten. Dieser Schal war für Sophie ein Stück Leben, die Vergangenheit und die Gegenwart in wundervollem Einklang.

Gesprächsimpulse

- Berühren Sie gerne Wolle? Mögen Sie das Gefühl von Wolle auf Ihrer Haut? Tragen Sie im Winter gerne handgestrickte Kleidung? Wenn ja, welche?

- Wenn Sie keine Wolle mögen, welche Stoffe tragen Sie gerne auf der Haut?

- Der Schal für die Frau in der Geschichte wurde in ihren Lieblingsfarben gestrickt. Gibt es Farben, die Sie gerne haben? Farben, die Sie gerne tragen? Welche Farben mögen Sie in Ihren Wohnräumen? Haben sich Ihre Vorlieben für Farben im Laufe Ihres Lebens verändert?

- Selbst gemachte Geschenke sind Zeichen einer ganz besonderen Wertschätzung. Für etwas Selbstgemachtes nimmt sich der Schenkende viel Zeit und macht sich Gedanken darüber, was demjenigen, den er beschenken will, gut gefällt. In selbst gemachte Geschenke wird viel Persönliches und einiges aus der Beziehung hineingegeben, die die beiden Menschen verbindet. Haben Sie schon einmal Selbstgemachtes verschenkt oder geschenkt bekommen? Wenn ja, von wem oder an wen? Was haben Sie verschenkt?

- Gibt es eine Freundin oder einen Freund, die oder der Sie in Ihrem Leben auf eine besondere Art begleitet hat? Jemand, der in vielen oder einmaligen schönen und traurigen Augenblicken an Ihrer Seite war? Möchten Sie von ihr oder ihm erzählen? Welche Erinnerungen haben Sie an diese Person? Was haben Sie zusammen erlebt?

- Wie haben Sie Ihre Freizeit in den verschiedenen Lebensphasen gestaltet? Was haben Sie gerne gemacht? Waren Sie vielleicht handwerklich geschickt, haben Sie ein Instrument gespielt, sind Sie gerne im Garten gewesen oder haben Sport getrieben? Haben Sie Ihre Freizeit lieber allein oder mit anderen Menschen verbracht?

Wussten Sie das?

- Schals kamen im 15. Jahrhundert zu uns nach Europa, sie stammen ursprünglich aus Kaschmir in Indien. Im 19. Jahrhundert waren sie in Form von großen Tüchern ein beliebtes Modeaccessoire bei Damen. Diese Schals waren sehr wertvoll, denn die Herstellung von Hand war sehr mühsam und die Schals bestanden aus teuren Naturmaterialien, unter anderem dem Unterhaar der Kaschmirziege.

- Der sogenannte gelbe Schal hat sich Mitte der 1950er Jahre als Notsignal der Motorradfahrer etabliert. Wer in Not geraten war, band als Zeichen, dass er Hilfe benötigte, einen gelben Schal an seinen Lenker. Dieses Zeichen verbreitete sich bis in die 1970er Jahre, verlor dann aber an Bedeutung und schließlich auch an Bekanntheit.

- Orenburger Schals gehören zur russischen Volkskunst. Sie werden aus Ziegenhaar gefertigt. Die Haare werden den Ziegen herausgekämmt, wenn sie das Winterfell verlieren. Die Orenburger Wollziege ist eine eigens dafür gezüchtete Ziegenrasse. Die Orenburger Stickerei kann bis in die Anfänge des 18. Jahrhunderts zurückverfolgt werden. Orenburger Schals sind fein gewebt und dadurch sehr weich und sie halten besonders warm.

Rätselideen

Was würden Sie tun?

Überlegen Sie gemeinsam, was Sie in folgender Situation tun würden:

Sie gehen im Winter mit einem Schal in der Hand aus der Haustür. Beim Schließen der Tür wird der Schal in der Tür eingeklemmt …

Zungenbrecher

Üben Sie gemeinsam den Zungenbrecher „In einem schummrigen Schloss saß ein schlaues Schaf mit seinem schönen Schal schunkelnd in seinem Schaukelstuhl".

Im Mittelpunkt steht der gemeinsame Spaß und nicht die fehlerfreie Aussprache. Sie können den Zungenbrecher auch kürzen, um ihn an den jeweiligen Bedarf anzupassen.

Das passt noch

Schenken (1928)

von Joachim Ringelnatz

Schenke groß oder klein,
Aber immer gediegen.
Wenn die Bedachten
Die Gaben wiegen,
Sei dein Gewissen rein.

Schenke herzlich und frei.
Schenke dabei
Was in dir wohnt
An Meinung, Geschmack und Humor,
Sodass die eigene Freude zuvor
Dich reichlich belohnt.

Schenke mit Geist ohne List.
Sei eingedenk,
Dass dein Geschenk
Du selber bist.

Schlitten

Rodelwetter

Es war ein wunderschönes Bild, wie die Kinder den Hang hinunterrodelten. Sandra saß eingehüllt in eine warme Decke auf der Bank und hatte eine Kanne Tee neben sich stehen. Die Wintersonne schien auf ihre hellen Haare und wärmte ihr Gemüt. Sie schwelgte in Erinnerungen an ihren ersten Schlitten. Wie stolz sie gewesen war, als sie ihn den Hang hinaufzog und mit den blitzenden Kufen wieder hinuntersauste. Sie erinnerte sich genau, wie glatt sich das Holz angefühlt hatte, aus dem er gemacht war, und wie der Wind ihr beim Hinabfahren entgegenwehte. Sie empfand damals so viel Freude und konnte gar nicht genug bekommen von ihrem Schlitten im Schnee. Sandra war glücklich über diese wundervollen Erinnerungen. Sie kuschelte sich in ihre Decke und genoss das Bild der fröhlichen Kinder vor sich.

Gesprächsimpulse

- Hatten Sie als Kind einen eigenen Schlitten? Wissen Sie noch, wie dieser aussah und sich anfühlte? Hatte er ein Seil oder eine Leine, mit der er gezogen werden konnte? War es etwas Besonderes, ihn aus der Garage oder dem Keller zu holen?

- Sind Sie in Ihrer Kindheit mit der Familie oder Freunden Schlitten gefahren? Welche Erinnerungen haben Sie daran? Waren das Erlebnisse, die Sie in guter Erinnerung haben? Haben Sie sich über Schnee gefreut? Sind Sie in einer Region aufgewachsen, in der es selten oder häufig geschneit hat? Was haben Sie im Schnee am liebsten gemacht?

- Viele Kinder vergessen beim Schlittenfahren, beim Iglubauen oder auch bei einer Schneeballschlacht die Kälte, die um sie herum herrscht. Die Freude und die Bewegung lenken von den nasskalten Füßen und Händen ab. Kennen Sie das von sich selbst, dass Sie etwas so gerne tun und so abgelenkt sind, dass Sie die Welt und das Geschehen um sich herum vergessen? In welchen Augenblicken passiert das?

- Was haben Sie in Ihrem Leben mit Leidenschaft gemacht? Womit beschäftigen Sie sich heute noch gerne? In welche Welten können Sie eintauchen, wenn Sie eine kurze Pause vom Alltag machen möchten?

- Die Frau in der Geschichte fühlt sich auf der Bank in der Sonne mit Schnee um sich herum sehr wohl. Sie beobachtet die Kinder und schwelgt in Erinnerungen. Wie schaffen Sie für sich eine Wohlfühlatmosphäre? In welcher Umgebung und in welchem Tun fühlen Sie sich wohl? Wann können Sie Ihren Gedanken freien Lauf lassen?

- Welche wundervollen Erinnerungen Ihres bisherigen Lebensweges tragen Sie in sich? An was erinnern Sie sich gerne? Welche Menschen, die Ihnen in besonderer Erinnerung geblieben sind, tragen Sie in Ihrem Herzen? Was haben Ihnen diese Menschen mitgegeben?

Wusstes Sie das?

- Die Komposition „Musikalische Schlittenfahrt“ von Leopold Mozart wurde am 19. Dezember 1755 veröffentlicht. Im Januar 1765, einige Tage vor der Geburt seines Sohnes Wolfgang Amadeus Mozart, fand die Uraufführung in Augsburg statt.

- Die ersten Hilfsmittel beim Dreschen waren sogenannte Dreschschlitten, die schon im 4. Jahrtausend v. Chr. eingesetzt wurden. Sie bestanden aus quer und längs zusammengefügten Brettern, die vorn kufenartig geformt waren. Das Dreschgut wurde durch eine spezielle Konstruktion unter den Schlitten geleitet und dann durch das Gewicht des Schlittens und den Druck gedroschen. Dreschschlitten wurden von einem, später von zwei Rindern gezogen.

- Das Lied „Jingle Bells“ ist im klassischen Sinn eigentlich gar kein Weihnachtslied, obschon es zu den beliebtesten Liedern in der Advents- und Weihnachtszeit gehört. Der Komponist James Lord Pierpont hat es in den 1850er Jahren komponiert. In dem Lied geht es um ein Pferdeschlittenrennen unter Jugendlichen. Der Titel heißt übersetzt so viel wie „Klimpert, ihr Schellen“. Eine deutschsprachige Version wurde 1965 von Roy Black unter dem Titel „Ein kleiner weißer Schneemann“ veröffentlicht und sehr bekannt.

- Kurz vor Weihnachten 1965 erlaubten sich Astronauten eines US-amerikanischen Raumfahrtprogramms einen kleinen Spaß mit dem Bodenpersonal: Sie gaben an, ein Flugobjekt gesichtet zu haben, das von einem Piloten in einem roten Anzug gesteuert wurde und dem acht kleine Module vorgespannt waren. Anschließend sangen sie das Lied „Jingle Bells“.

Rätselideen

Reimwörter

Finden Sie gemeinsam Wörter, die sich auf „Schnee“ reimen.
Beispiellösungen: Tee, Fee, See, juchhe, nee, Klee, Monet, olé, geh, weh, Spree, Idee, Reh, Zeh, Ade, herrje.

Wo kommt das her?

Lesen Sie den Teilnehmenden die folgende Liedzeile vor und lassen Sie sie erraten, aus welchem Lied sie stammt:

… dann bau'n wir den Schneemann und werfen den Ball.
Lösung: Schneeflöckchen, Weißröckchen.

Das passt noch

Schneeflöckchen, Weißröckchen

(Kinderlied aus dem 19. Jahrhundert)

Schneeflöckchen, Weißröckchen,
wann kommst du geschneit?
Du wohnst in den Wolken,
dein Weg ist so weit.

Komm setz dich ans Fenster,
du lieblicher Stern,
malst Blumen und Blätter,
wir haben dich gern.

Schneeflöckchen, du deckst uns
die Blümelein zu,
dann schlafen sie sicher
in himmlischer Ruh'.

Schneeflöckchen, Weißröckchen,
komm zu uns ins Tal.
Dann bau'n wir den Schneemann
und werfen den Ball.

Schlittschuhe

Ein schwebender Tänzer

Seine Füße glitten fast schwerelos über das Eis. Die Eisfläche war noch unberührt. Seine Spuren waren die einzigen, die zu sehen waren. Christian schwebte im Sonnenlicht über die freie Fläche. So leicht hatte er sich schon lange nicht mehr gefühlt. Es war ein wunderschöner Tag. Die Luft war kalt, doch durch die Bewegung war ihm angenehm warm. Rund um die Eisfläche war eine Wiese, auf der der Schnee in der Sonne glitzerte. Immergrüne Büsche leuchteten in dunklen Farben. Der Winter zeigte sich heute von seiner schönsten Seite. Christian hatte sich schon lange nicht mehr so wohl und unbeschwert gefühlt. So frei, zufrieden und schwerelos.

Gesprächsimpulse

- Sind Sie gerne Schlittschuh gelaufen oder mit ihren Schuhen übers Eis geschlittert? Konnten Sie Schlittschuhlaufen? Wenn nicht, hätten Sie es gerne gekonnt? Haben Sie sich Eiskunstlaufen im Fernsehen angesehen? Haben Sie sich je gewünscht, sich so anmutig und elegant auf dem Eis bewegen zu können wie die Sportlerinnen und Sportler (wenn Sie es nicht konnten)?

- Der Winter zeigt sich bei gutem Wetter in seinen schönsten Farben. Ein strahlendes Blau am Himmel, sattes Grün der immergrünen Büsche und Bäume in gelbem Sonnenschein, weiße Schneedecken ... welche Bilder, welche Momente und welche Farben des Winters in der Natur finden Sie schön? An welchen Wintertagen fühlen Sie sich besonders wohl?

- Erinnern Sie sich an Augenblicke in Ihrem Leben, in denen es Ihnen einfach nur gut ging? In denen Sie sich frei, unbeschwert und zufrieden gefühlt haben? Momente und Situationen, in denen Sie sich wohlgefühlt haben und die Sorgen des Alltags beiseitelegen konnten? Welche Momente waren das? Welche Menschen hatten Sie an Ihrer Seite? Hatten Sie die Möglichkeit, sich regelmäßig solche Kraftquellen zu suchen?

- Der Junge in der Geschichte findet es schön, allein seine Runden auf der Eisfläche zu drehen und die winterliche Stimmung um sich herum zu genießen. Sind Sie jemand, der solche Momente lieber allein verbracht hat oder hatten Sie dabei gerne Menschen um sich herum? Mit wem konnten Sie über solche schönen Erlebnisse reden? Wem konnten Sie Dinge erzählen, die Ihnen wichtig waren und die Sie beeindruckt haben?

- Was haben Sie gemacht, um sich im Winter warmzuhalten? Haben Sie sich lieber warm angezogen oder waren Sie jemand, der sich viel bewegt und den Körper so warmgehalten hat? Was haben Sie gerne gemacht, um in Bewegung zu kommen? Oder waren Sie immer viel unterwegs und hatten viel zu tun, sodass sowieso ausreichend Bewegung da war?

Wussten Sie das?

- In Deutschland und anderen europäischen Ländern waren die Kufen der Schlittschuhe anfänglich aus Tierknochen. Ureinwohner Sibiriens sind auf Walrosszähnen auf dem Eis gelaufen. In China wurden Bambusruten dafür genutzt.

- In Europa hielten im 14. Jahrhundert hölzerne Schlittschuhe Einzug. Unter Holzplatten wurden mithilfe von Lederriemen Kufen aus Eisen befestigt. Zum Anlaufnehmen wurden Holzstöcke genutzt. Mitte des 19. Jahrhunderts wurden Schlittschuhe mithilfe von Schrauben an den Schuhen befestigt. Später gab es Schlittschuhe zum Anklemmen an die Schuhe, sie wurden noch bis in die 1950er Jahre genutzt. Im 19. Jahrhundert wurden zudem Schlittschuhe entwickelt, bei denen die Stahlkufe in Holz eingelassen war und als Schnürschuh befestigt wurde.

- Die Schutzpatronin der Schlittschuhläufer ist die niederländische Heilige Lidwina von Schiedam (1380–1433). Sie ist generell die Schutzpatronin der Kranken und Leidenden. Lidwina stürzte im Alter von 15 Jahren beim Eislaufen und brach sich eine Rippe. Sie litt fortan immer wieder unter Lähmungen, Wunden und Sehstörungen. Menschen, die sie mit ihren eigenen Leiden besuchten, wurden auf wundersame Weise geheilt. Sie war sehr gläubig, hatte Visionen und galt schon zeitlebens als Heilige.

- Musikalisch setzte der französische Komponist Emile Waldteufel den Schlittschuhen in seinem Schlittschuhläufer-Walzer von 1882 ein Denkmal. In einem winterlich fröhlichen Konzertwalzer mit Klangstäben, die das Schellengeläut eines Schlittens imitieren, erzählt der Komponist von einem Schlittschuhläufer-Abenteuer in Paris.

Rätselideen

Satz mit Wörtern bilden

Bitten Sie die Teilnehmenden, einen Satz zu bilden, der die folgenden drei Wörter beinhaltet. Wenn Sie die Übung leichter gestalten möchten, geben Sie nur zwei Wörter oder ein Wort vor.

Schlittschuhe – Eis – gleiten

Dinge, die schnell sind

Mit Schlittschuhen kann man sich unter guten Bedingungen schnell auf dem Eis fortbewegen. Sammeln Sie gemeinsam Dinge, die ebenfalls schnell sein können.

Beispiellösung: Fahrrad, Rennauto, Rollschuhe, Gepard, Zug, Fledermaus, Gazelle, Roller.

Das passt noch

Der Eislauf (19. Jahrhundert)

von Hoffmann von Fallersleben

Der See ist zugefroren
Und hält schon seinen Mann.
Die Bahn ist wie ein Spiegel
Und glänzt uns freundlich an.

Das Wetter ist so heiter,
Die Sonne scheint so hell.
Wer will mit mir ins Freie?
Wer ist mein Mitgesell?

Da ist nicht viel zu fragen:
Wer mit will, macht sich auf.
Wir geh'n hinaus ins Freie,
Hinaus zum Schlittschuhlauf.

Schlittschuhe

Was kümmert uns die Kälte?
Was kümmert uns der Schnee?
Wir wollen Schlittschuh laufen
Wohl auf dem blanken See.

Da sind wir ausgezogen
Zur Eisbahn alsobald,
Und haben uns am Ufer
Die Schlittschuh angeschnallt.

Das war ein lustig Leben
Im hellen Sonnenglanz!
Wir drehten uns und schwebten,
Als wär's ein Reigentanz.

Schnee

Der erste Schnee

Es war schon lange dunkel. Die Tage waren mittlerweile sehr kurz geworden. Die Luft roch nach Schnee. Heinz stand auf der Terrasse und schaute in den Garten. Vereinzelt fielen Schneeflocken vom Himmel. Die ersten des Jahres. Er streckte seine rechte Hand aus. Die zarten Flocken schmiegten sich an seine Handfläche, um sich bald darauf in Wassertropfen zu verwandeln. Ein besonderer Augenblick. Heinz steckte die Hände in die Taschen. Seine Nase und seine Wangen waren ganz rot. Zeit, eine Jacke zu holen, nahm er sich nicht. Viel zu dankbar war er für diesen Moment. Er sah auf den Rasen. Wie viele Schneemänner er hier schon mit den Kindern gebaut hatte. Ob der Garten in diesem Jahr wieder ganz weiß werden würde?

Gesprächsimpulse

- Welche Gefühle und Gedanken werden bei Ihnen geweckt, wenn Sie an Schnee denken? Verbinden Sie Schnee mit schönen Erinnerungen? Erzählen Sie uns davon.
- Gab es in Ihrer Kindheit viel Schnee? Worauf haben Sie sich bei Schnee gefreut? Was haben Sie im Schnee gespielt oder gebaut? Gab es einen Hügel zum Rodeln in der Nähe Ihrer Wohnung?
- Wie haben Sie Schnee im Erwachsenenalter empfunden? Was sind schöne Erinnerungen an Tage mit schneebedeckten Feldern und Wegen? In welchen Situationen hat Sie der Schnee im Alltag eingeschränkt?
- Dem Mann in der Geschichte macht es nichts aus, dass er nasse Hände und kalte Wangen und Ohren hat. Viel zu schön ist der Augenblick im Schnee. Kennen Sie solche Momente aus Ihrem Leben, in denen die unangenehmen Empfindungen hinter den schönen ein Stück nach hinten getreten sind? Augenblicke, in denen Sie pures Glück empfunden haben, obwohl die Umstände drum herum nicht die angenehmsten waren?
- In welchen Augenblicken Ihres Lebens denken Sie an Zeiten zurück, die schon längst vergangen sind, aber immer noch einen Platz in Ihrem Herzen haben? In welchen Momenten leben Erinnerungen aus der Vergangenheit in Ihrem Herzen wieder auf?

Wussten Sie das?

- Wir sehen den Schnee weiß, weil die vielen einzelnen kleinen Kristalle das Licht in all seinen Farben reflektieren. Und alle Farben zusammen reflektiert ergeben für uns Weiß.
- Schnee entsteht in den Wolken bei einer Lufttemperatur von -20° C bis 0° C und einer sehr hohen Luftfeuchtigkeit, wobei sich die schönsten Schneeflocken bei einer Lufttemperatur von -20° C bis -10° C bilden. Viele kleine

feine Wassertropfen verbinden sich zu einer Schneeflocke und fallen zu Boden. Die Schneeflocken verbinden sich wiederum zu einer Schneedecke.

- Jede Schneeflocke ist einzigartig. Sie sehen sich zwar sehr ähnlich und auch ihr Aufbau ist in etwa gleich, es gibt aber keine Schneeflocke zweimal. Die Eiskristalle, aus denen sich die Schneeflocken bilden, haben einen sechseckigen Kern, von dem sechs Strahlen ausgehen. Haken sich mehrere Eiskristalle ineinander ein, entsteht aus ihnen eine Schneeflocke.

- Lockerer Schnee wirkt schalldämmend, weil zwischen den einzelnen Flocken viel Luft eingeschlossen ist. Die in den Leerräumen befindliche Luft schluckt den Schall, sodass er nicht bis zu unseren Ohren durchdringen kann.

Rätselideen

Stichworträtsel

Lesen Sie die Stichwörter langsam vor und lassen Sie die Teilnehmenden erraten, welcher Oberbegriff gesucht wird. Tipp: Alle Begriffe beinhalten das Wort „Schnee“.

- Kugeln, drei, Hut, Möhre ⇨ **Schneemann**

- Werkzeug, räumen, freimachen, schieben ⇨ **Schneeschaufel**

- Rührgerät, Handrührer, aufschlagen, unterrühren ⇨ **Schneebesen**

- Masse, ablösen, herunterrutschen, bedecken ⇨ **Schneelawine**

Verstecktes Wort

Lesen Sie die sieben Wörter jeweils langsam vor und fragen Sie dann, in welchen drei Wörtern sich das Wort „Weiß“ versteckt.

- Meißel, Sch**weiß**, Steißbein, Fleißarbeit, Schnee**weiß**chen, Reißzwecke, **Weiß**dorn.

Das passt noch

Es gibt so wunderweiße Nächte (1896)

von Rainer Maria Rilke

Es gibt so wunderweiße Nächte,
Drin alle Dinge Silber sind.
Da schimmert mancher Stern so lind,
Als ob er fromme Hirten brächte
Zu einem neuen Jesuskind.

Weit wie mit dichtem Demantstaube
Bestreut, erscheinen Flur und Flut,
Und in die Herzen, traumgemut,
Steigt ein kapellenloser Glaube,
Der leise seine Wunder tut.

Semmelknödel

In der Küche

Für Friedrich war die Zubereitung von Semmelknödeln in jedem Jahr ein sinnliches Abenteuer. Wenn der süßliche Duft von frischen Semmeln, die in Milch eingeweicht und mit Eiern, Zwiebeln und Kräutern vermischt worden waren, die Küche erfüllte, begann für ihn gedanklich eine wunderbare Reise. Geschmeidig formte er den Teig zu gleichmäßigen Kugeln. Das sanfte Plätschern, wenn die Knödel ins heiße Wasser glitten, war für ihn etwas ganz Besonderes. Er erinnerte sich an die vielen wundervollen Momente, in denen die ganze Familie zusammengesessen und Semmelknödel gegessen hatte, und freute sich zutiefst auf das bald anstehende gemeinsame Mittagessen. Für ihn waren das die großen Augenblicke, die in seinem Herzen blieben.

Gesprächsimpulse

- Zu welchen Anlässen gab es bei Ihnen Semmelknödel? Zu welchen Gerichten schmecken Semmelknödel besonders gut? Haben Sie die Knödel selbst gemacht? Wenn ja, woher stammte das Rezept? Haben Sie die Knödel gerne gemacht?

- Der Mann in der Geschichte hat die Semmelknödel für das anstehende Mittagessen mit der Familie selbst gemacht. Gibt es etwas, das Sie gerne selbst gekocht oder gebacken haben? Etwas, woran vielleicht auch Freunde und Familie eine große Freude hatten? Warum haben Sie diese Speise so gerne zubereitet? Woher kam das Rezept oder die Idee?

- Hat jemand in Ihrem Elternhaus gerne und gut gekocht? Wer hatte Freude daran, Sie als Kind zu bekochen und die Familie zu versorgen? Hat immer die gleiche Person gekocht oder war für Festessen jemand anderes zuständig als für Alltagsgerichte?

- Wie hat sich das Kochen im Laufe Ihres Lebens verändert? Wie war Ihr Verhältnis zu Lebensmitteln? Hat sich Ihr Umgang mit Lebensmitteln in den unterschiedlichen Lebensphasen verändert? Was war Ihnen als junger Erwachsener wichtig? Was war im Familienleben mit Kindern wichtig? Wie veränderte sich das Kochen und der Umgang mit Lebensmitteln später?

- Erinnern Sie sich gerne an gemeinsame Mahlzeiten mit der Familie? Was sind das für Erinnerungen, die geblieben sind? Wie haben sich die Mahlzeiten im Laufe der Zeit verändert?

- Welche Augenblicke Ihres Lebensweges sind in Ihrem Herzen geblieben? Welche kleinen und großen Erinnerungen haben sich einen besonderen Platz in Ihren Gedanken und Gefühlen erobert? Warum sind es gerade diese Momente, die Ihnen so viel bedeuten? Würden Sie diese Augenblicke gerne noch einmal erleben? Was würden Sie eventuell anders empfinden?

Wusssten Sie das?

- Bereits die Steinzeitmenschen wussten Knödel zu schätzen: Bei Ausgrabungen am oberösterreichischen Mondsee wurden prähistorische Knödelreste gefunden, die vor 4000 Jahren hergestellt wurden.

- Semmelknödel werden aus getrocknetem Weißbrot oder hellen Semmeln gemacht. Übrig gebliebene Semmelknödel wiederum können am Folgetag in Scheiben geschnitten, noch einmal angebraten und zu Salat und Spiegelei gereicht oder mit Ei direkt in der Pfanne gebraten und angerichtet werden. Sie sind eine vielseitige Spezialität, die durch die unterschiedlichen Ideen das Wegwerfen von Resten vermeidet.

- Wenn Brezeln anstelle von getrocknetem Weißbrot oder altbackenen Brötchen für die Herstellung der Knödel verwendet werden, spricht man von Brezelknödeln.

- Semmelknödel werden unter anderem aus altbackenen Semmeln gemacht. Semmeln sind hierzulande unter vielerlei Namen bekannt, zum Beispiel Schrippe, Brötchen, Rundstück und Wecken. Je höher der Roggenanteil im Teig ist, desto besser ist die Lagerfähigkeit. Ein Brötchen besteht aus der äußeren Kruste und dem Inneren, das Krume genannt wird.

Rätselideen

Durcheinandergewürfelt

Hier ist jeweils ein Sprichwort rund um Essen und Trinken mit einem anderen Sprichwort durcheinandergewürfelt worden. Können die Teilnehmenden erraten, um welche Redewendungen es geht?

- Viele Köche werden die Ersten sein.
  Lösung: Viele Köche verderben den Brei. / Die Letzten werden die Ersten sein.

- Pech im Spiel geht durch den Magen.
  Lösung: Pech im Spiel, Glück in der Liebe. / Liebe geht durch den Magen.

- Nichts wird so heiß gegessen, wie die Mäuse auf dem Tisch tanzen.
  Lösung: Nichts wird so heiß gegessen, wie es gekocht wird. / Ist die Katze aus dem Haus, tanzen die Mäuse auf dem Tisch.

Anagramm

Bilden Sie aus den Buchstaben des Wortes „Semmelknödel" so viele neue Wörter wie möglich.
Beispiellösungen: Semmel, Knödel, edel, lesen, sende, melke, Klemme, klemmen, Nelke.

Das passt noch

In Süddeutschland geboren

In Süddeutschland geboren,
als Leibspeis auserkoren,
das runde, leckre Ding,
an dem das Herz schnell hing.

Ein paar Brötchen, gerne alt,
dazu Milch – nicht zu kalt,
Zwiebeln, Kräuter, Salz,
Eier, keinen Schmalz.

Den Teig verkneten und
die Knödel formen rund.
Semmelknödel fein,
wir laden alle ein!

Sterne

Abendspaziergang

Die Luft um ihn herum war eiskalt, aber trocken. Es war eine angenehme Kälte. Trotzdem hatte Christoph sich warm eingepackt. Es war ein wunderschöner Abend. Rund um den Feldweg, auf dem er unterwegs war, war es dunkel. Lediglich am Himmel funkelten viele kleine, zarte Lichter. Er schaute nach oben. Über ihm standen unzählige Sterne, die in ein tiefdunkles Blau gehüllt waren. Es sah wundervoll aus. Christoph blieb stehen. Die Schönheit dieses Bildes überwältigte ihn. Die unendliche Weite des Himmels, die durch die Sterne noch einmal deutlicher wurde, faszinierte ihn. Die Größe von dem, was er in diesem Augenblick um sich herum spürte, ließ ihn ehrfürchtig werden. Für einen Moment war er dem Himmel so nah wie sonst nie.

Gesprächsimpulse

- Sind Sie früher abends spazieren gegangen? Haben Sie sich auf Ihrem Weg umgeschaut? Auf was ist Ihr Blick gefallen? Haben Sie Kleinigkeiten am Wegesrand entdeckt? Oder hatten Sie den Himmel im Auge? War es eine Zeit, um abzuschalten und zur Ruhe zu kommen und auf nichts Besonderes zu achten? Oder ein Raum für Gespräche?

- Wie fühlte sich der Blick in den Himmel im Kindesalter an? Welche Gedanken hatten Sie als junger Erwachsener? Wie hat sich dieser Blick im Laufe Ihres Lebens verändert?

- Haben Sie als Kind daran geglaubt, dass Sternschnuppen Wünsche erfüllen können? Erinnern Sie sich, ob Sie sich je etwas gewünscht haben, und wenn ja, was Ihre Wünsche waren? Wenn Sie Ihr Leben rückblickend betrachten und drei Wünsche frei hätten, die eine Sternschnuppe Ihnen erfüllen könnte, welche Wünsche wären das?

- In dem Lied „Weißt du, wie viel Sternlein stehen" geht es um Annahme, Vertrauen und Schutz. Worauf haben Sie in Ihrem Leben vertraut? Gab es Menschen, denen Sie vertrauen konnten? Wer oder was hat Ihnen Mut zugesprochen und Kraft gegeben? Was hat Ihnen in schwierigen Momenten Halt gegeben? Durften Sie mit Zuversicht durchs Leben gehen?

Wussten Sie das?

- In der Antike stellten sich die Philosophen, die sich mit Naturphänomenen beschäftigten, vor, dass Fixsterne aus glühendem Gestein bestehen. Dass Sterne aus Gas bestehen, wurde erst vor rund 300 Jahren bekannt.

- Die Sonne ist der Stern, der der Erde am nächsten ist. Der Stern, der nach der Sonne am hellsten erscheint, heißt Sirius. Alle Sterne, die wir mit bloßem Auge sehen können, sind Teil der Milchstraße.

- Es gibt mindestens zwölf Arten von Sternen. Sterne werden anhand von ihrer Temperatur, Farbe und Helligkeit eingestuft. Alle Sterne, die wir sehen können, sind größer und heller als die Sonne.

- Viele Sterne reisen in Gruppen durch das Universum.

Rätselideen

Zwillingswörter

Lesen Sie die folgenden Sätze vor und lassen Sie die Teilnehmenden das fehlende „Zwillingswort" ergänzen.

- Ich habe heute Nacht eine Sternschnuppe gesehen, ich bin hin und ... ⇨ **weg.**

- Ich kann so viele Sterne am Nachthimmel erkennen. Es ist ein großes Drunter und ... ⇨ **Drüber.**

- Den Morgenstern kann ich heute von überall sehen. Es scheint, er folgt mir auf Schritt und ... ⇨ **Tritt.**

Vermischt

Hier wurden zwei bekannte Liedtitel miteinander vermischt. Lesen Sie den neu entstandenen Titel vor und bitten Sie die Teilnehmenden, herauszufinden, welche beiden Liedtitel gesucht werden.

Weißt du, wie viel unter fremden Sternlein stehen.
Lösung: „Weißt du, wie viel Sternlein stehen" und „Unter fremden Sternen" (Freddy Quinn).

Das passt noch

Weißt du, wie viel Sternlein stehen (1837)

von Wilhelm Hey

Weißt du, wie viel Sternlein stehen
an dem blauen Himmelszelt?
Weißt du, wie viel Wolken gehen
weithin über alle Welt?
Gott der Herr hat sie gezählet,
dass ihm auch nicht eines fehlet,
an der ganzen großen Zahl,
an der ganzen großen Zahl.

Weißt du, wie viel Mücklein spielen
in der heißen Sonnenglut,
wie viel Fischlein auch sich kühlen
in der hellen Wasserflut?
Gott der Herr rief sie mit Namen,
dass sie all ins Leben kamen,
dass sie nun so fröhlich sind,
dass sie nun so fröhlich sind.

Weißt du, wie viel Kinder frühe
stehn aus ihren Bettlein auf,
dass sie ohne Sorg und Mühe
fröhlich sind im Tageslauf?
Gott im Himmel hat an allen
seine Lust, sein Wohlgefallen,
kennt auch dich und hat dich lieb,
kennt auch dich und hat dich lieb.

Tannengrün

Tannenduft

Der Duft der ersten Tannenzweige im Haus war für Katharina immer etwas Besonderes. Sie legte die abgeschnittenen Zweige auf den großen Tisch im Esszimmer. Die Tanne im Garten war in den letzten Jahren so groß geworden, dass sie gerne etwas von ihrem Grün verschenkte, um das Haus mit ihrem Duft einzuhüllen. Katharina atmete tief ein. So duftete die Adventszeit. Sie freute sich auf die Tage, die kommen würden. Auf wertvolle Erinnerungen und Gefühle, die im nächsten Jahr zu neuen, wundervollen Erinnerungen werden würden. Katharina saß im Schein einer ruhig flackernden Kerze und strich mit dem Zeigefinger über die glatten dunkelgrünen Nadeln. Draußen wurde es bereits dunkel.

Gesprächsimpulse

- Woran denken Sie bei dem Duft von frischem Tannengrün? Was fühlen Sie, wenn die ersten Tannenzweige das Zimmer in ihren ganz besonderen Duft hüllen?

- Haben Sie früher das Haus oder die Wohnung in der Vorweihnachtszeit mit frischem Tannengrün geschmückt? Wenn ja, wo haben Sie die Zweige hergenommen? Haben Sie sie gekauft oder stand eine Tanne in Ihrem Garten oder der Nachbarschaft? Wenn Sie die Zweige gekauft haben, wissen Sie noch, wo?

- Wofür haben Sie das Tannengrün verwendet? Wie haben Sie im Haus dekoriert? Haben Sie den Adventskranz für die Vorweihnachtszeit selbst gebunden? Welche Sorte Tannengrün mochten Sie am liebsten?

- Welcher Nadelbaum wurde an Weihnachten als Weihnachtsbaum aufgestellt und geschmückt? Wie sah der Weihnachtsbaum in Ihrer Kindheit aus?

- Der immergrüne Zweig ist ein Symbol für Kraft und Durchhaltevermögen in den kalten Wintertagen. Was hat Ihnen in Ihrem Leben Kraft gegeben, schwierige und vielleicht auch traurige Zeiten durchzustehen? Gab es Menschen, die Ihnen zur Seite standen, einen Glauben, der Sie weitergehen ließ, oder etwas anderes, das als Kraftquelle da war?

- Das Lied „O Tannenbaum" ist eins der beliebtesten Weihnachtslieder. Mögen Sie das Lied? Welche Erinnerungen werden bei Ihnen geweckt, wenn Sie es hören oder singen? Welche Weihnachtslieder mögen Sie (noch)? Welche Lieder wurden am Heiligen Abend bei Ihnen gesungen?

Wussten Sie das?

- Der immergrüne Tannenzweig symbolisiert wie der Tannenbaum die Kraft, die winterliche Kältezeit zu überstehen. In manchen Gegenden und Familien ist es üblich, die Gräber vor der Winterzeit mit Tannengrün abzudecken. Dabei wird das Tannengrün mit der Oberseite nach unten auf die Gräber gelegt und ineinander verwoben.

- In unseren Wäldern sind Fichten, Kiefern und Tannen die häufigsten Nadelbäume.

- Nadelbäume sind auch mit nährstoffarmen Böden zufrieden. Ebenso kommen sie gut mit dem Klima hoch oben in den Bergen zurecht. Nadelholz wächst schneller als Holz von Laubbäumen und ist leichter. Es wächst lang und gerade und wird daher gerne für Bauarbeiten genutzt und zu Paneelen, Balken oder Leisten verarbeitet.

- Nadelbäume werden als immergrüne Bäume bezeichnet. Ihre Nadeln werfen sie nach und nach ab und erneuern sie regelmäßig, sodass es von außen kaum auffällt. Eine Nadel bleibt ungefähr acht bis elf Jahre am Baum. Einzig die Lärche bildet eine Ausnahme: Ihre Nadeln werden im Herbst braun und fallen ab.

- Tannenzapfen sind lang und schmal und stehen aufrecht auf dem Zweig. Die Zapfen wachsen auch nur an den oberen Ästen der Tanne, damit ihre Samen vom Wind zwecks Vermehrung möglichst weit weggeweht werden. Tannenzapfen lösen sich nie als Ganzes vom Baum. Ihre Schuppen fallen einzeln zu Boden, der Rest, die kahle Spindel, bleibt auf dem Ast stehen. Was wir als Zapfen sammeln können, sind Kiefern- und Fichtenzapfen.

Rätselideen

Welches Wort fehlt?

Lesen Sie den Satz vor und lassen Sie die Teilnehmenden erraten, welches Wort fehlt.

- Tannenbäume verlieren in ihrer Zeit als Weihnachtsbaum häufig einige ihrer ... ⇨ **Nadeln.**
- Auch im ... bleiben Tannen im Gegensatz zu Laubbäumen grün. ⇨ **Winter**
- Schau mal, die Tannen sehen aus, wie mit Puderzucker verziert. Da liegt Schnee auf ihren ... ⇨ **Zweigen.**

Passende Adjektive

Suchen Sie gemeinsam Adjektive, mit denen man Tannengrün beschreiben kann. Berücksichtigen Sie dabei möglichst viele Wahrnehmungskanäle.

- Wie sieht Tannengrün aus?
- Wie fühlt sich Tannengrün an?
- Wie riecht Tannengrün?

Beispiellösungen: grün, spitz, weich, glatt, harzig, würzig.

Das passt noch

O Tannenbaum (1824)

von Ernst Anschütz

O Tannenbaum, o Tannenbaum!
Wie treu sind deine Blätter;
du grünst nicht nur zur Sommerzeit,
nein, auch im Winter, wenn es schneit.
O Tannenbaum, o Tannenbaum,
wie treu sind deine Blätter.

O Tannenbaum, o Tannenbaum,
du kannst mir sehr gefallen;
wie oft hat nicht zur Weihnachtszeit
ein Baum von dir mich hoch erfreut.
O Tannenbaum, o Tannenbaum,
du kannst mir sehr gefallen.

O Tannenbaum, o Tannenbaum,
dein Kleid will mir was lehren:
die Hoffnung und Beständigkeit
giebt Trost und Kraft zu jeder Zeit!
O Tannenbaum, o Tannenbaum,
dein Kleid will mir was lehren.

Wolldecke

Auf dem Sofa

Ulrike zog die Decke so weit nach oben wie möglich. Ihr war furchtbar kalt. Der Spaziergang durch den Wald war wunderschön gewesen, die Kälte aber hatte sie unterschätzt. Nun lag sie sicher umhüllt von ihrer Wolldecke auf dem Sofa und spürte, wie nach und nach die Wärme in ihren Körper zurückkehrte. Die Decke war wundervoll weich und auch groß genug, dass sie darunter passte. Die Decke war vor vielen Jahren ein Geschenk ihres Mannes gewesen, und sie hatte sich sofort in sie verliebt. Ulrike musste schmunzeln. Diese Liebe auf den ersten Blick war fast genauso schön wie seinerzeit, als sie ihren Mann zum ersten Mal getroffen hatte.

Gesprächsimpulse

- Mögen Sie das Gefühl von Wolle auf Ihrer Haut? Nutzen Sie eine Decke, um sich zu wärmen? Welche Art Decke haben Sie am liebsten?

- Eine Decke wärmt und bietet unserem Körper Schutz. Viele Menschen mögen das Gefühl, von einer Decke umhüllt und geschützt zu sein. Mögen Sie dieses Gefühl? Können Sie beschreiben, wie sich dieser Schutz anfühlt? Gibt es eine bestimmte Art und Weise, wie Sie sich unter eine Decke legen? Wie muss die Decke liegen? Welche Körperteile müssen unbedingt von der Decke bedeckt sein?

- Die Frau in der Geschichte freut sich, dass die Wolldecke, die sie von ihrem Mann geschenkt bekommen hat, groß genug ist, um sie ganz zu bedecken. Gab es in Ihrem Leben etwas, das Sie im Alltag oder auch zu besonderen Anlässen bedecken oder verstecken mussten? Vielleicht eine Gewohnheit, die Ihnen wichtig war, oder etwas, das außerhalb der Norm war?

- Haben Sie in Ihrem Leben eine Liebe auf den ersten Blick erlebt? Das kann beispielsweise die Liebe zu einer Person sein, aber auch zu einem Tier, einem Hobby, einem Zuhause oder einem für Sie besonderen Ort, an dem Sie sich wohlgefühlt haben.

- Haben Sie einmal etwas geschenkt bekommen, woran Sie sich lange erinnert haben? Ein Geschenk, das etwas ganz Besonderes war? Das Sie vielleicht sehr lange aufbewahrt haben? Von wem war dieses Geschenk? Welche Bedeutung hatte es für Sie und Ihr Leben?

- Wie haben Sie Geschenke für nahestehende Menschen ausgesucht? Welche Art Geschenke haben Sie gemacht? Haben Sie eher Persönliches oder Nützliches verschenkt? Wie haben Sie entschieden, was Sie zu dem jeweiligen Anlass verschenken? Haben Sie Geschenke weit im Voraus besorgt oder kurz vorher gekauft?

Wussten Sie das?

- Wolle wurde als Rohstoff nachweisbar seit dem Jahr 4000 v. Chr. verwendet, ab der Bronzezeit (2200–800 v. Chr.) auch bei uns in Europa. Als ältestes Gebiet der Wollnutzung wird Vorderasien angesehen, wo bereits im Jahr 6000 v. Chr. die ersten Wollschafe gezüchtet wurden, die noch einige Zeit neben den ursprünglichen Wildschafen lebten. Wenn man von Wolle spricht, ist das dichte Unterhaar der Tiere gemeint.

- Wolle kann viel Feuchtigkeit aufnehmen und einschließen, sodass sie von der Kleidung nicht an die Haut abgegeben wird. Deshalb wärmen Wollsocken viel wirkungsvoller als Socken aus Baumwolle oder Kunstfasern. Alpakawolle hält Wärme sogar bis zu fünfmal besser als Schafwolle.

- Durch das an der Wolle haftende Wollwachs ist Wolle schmutzabweisend und muss, solange das Wollwachs intakt ist, wenig gereinigt werden. Durch Lüften können aufgrund ihrer Selbstreinigungsfunktion ganz leicht unangenehme Gerüche beseitigt werden. Zusätzlich hat Wolle antistatische Eigenschaften und ist schwer entflammbar. Der aufgenommene Geruch wird dadurch einfach wieder an die Luft abgegeben.

- Je feiner die Faser der Wolle ist, desto weicher wird sie empfunden. Eine sehr weiche Wolle ist die Angorawolle, die von Kaninchen stammt.

- Bis ins 19. Jahrhundert war Wolle sehr kostbar und nur für die wohlhabendere Bevölkerung erschwinglich. Seitdem Wolle aus Australien und Neuseeland nach Europa importiert wird, ist sie deutlich billiger geworden.

- Schafe werden in Deutschland einmal im Frühling geschoren und liefern durchschnittlich 3,5 Kilogramm Wolle.

Rätselideen

Alphabetische Reihenfolge

Bringen Sie die folgenden drei Wollarten in die richtige alphabetische Reihenfolge.

- Merinowolle
- Kaschmirwolle
- Angorawolle

Lösung: Angorawolle, Kaschmirwolle, Merinowolle.

Zwillingswörter

Lesen Sie die folgenden Sätze vor und lassen Sie die Teilnehmenden das fehlende „Zwillingswort" ergänzen.

- Mein Korb ist bis oben mit Wolle gefüllt. Ich habe Wolle in Hülle und … ⇨ **Fülle.**
- Geduld und … , die brauche ich heute, wenn ich den Pullover fertig stricken möchte. ⇨ **Spucke**
- Die Maschen sind sehr ordentlich geworden. Sie liegen alle in Reih und … ⇨ **Glied.**

Das passt noch

Schlummerlied (19./20. Jahrhundert)

von Christian Morgenstern

Schlaf, Kindlein, schlaf!
Es war einmal ein Schaf.

Das Schaf, das ward geschoren,
da hat das Schaf gefroren.

Da zog ein guter Mann
ihm seinen Mantel an.

Jetzt brauchts nicht mehr zu frieren,
kann froh herumspazieren.

Schlaf, Kindlein, schlaf!
Es war einmal ein Schaf.

Zimt

Zimtbirnen

Lena fuhr vorsichtig mit den Fingerspitzen über die zarte Rinde. Sie stand in der Küche und hielt eine Zimtstange in der Hand. Für sie war Zimt ein ganz besonderes und einzigartiges Gewürz. Es roch nach Weihnachten. Nach Zimtsternen und Spekulatius. Nach Bratäpfeln, Zimtschnecken und adventlichen Teemischungen. Sie legte die Zimtstange in den Sud aus Wein, Vanilleschote und Zucker und rührte vorsichtig um. Danach kamen die Birnen hinein. Lena lief das Wasser im Mund zusammen. Der einmalige Zimtduft erfüllte den Raum. Die Zimtbirnen nach dem beliebten Familienrezept ihrer Großtante sollte es zum Nachtisch geben. Sie waren jedes Jahr etwas ganz besonderes und läuteten die Adventszeit ein.

Gesprächsimpulse

- Welche Erinnerungen weckt der Duft von Zimt bei Ihnen? Ist Zimt ein Gewürz, das Sie an die Advents- oder Weihnachtszeit erinnert, oder wurde mit Zimt auch in anderen Jahreszeiten gekocht oder gebacken? Mögen Sie den Duft und den Geschmack von Zimt?
- Welche Rezepte mit Zimt haben Sie gerne zubereitet? Welche Gerichte oder Backwaren mit Zimt essen Sie gerne? Gab es Zimt-Spezialitäten, die traditionell zu besonderen Anlässen serviert wurden? Gibt es jemanden in Ihrer Familie, der keinen Zimt mag?
- Gibt es in Ihrer Familie gut gehütete Familienrezepte, die von Generation zu Generation weitergegeben werden? Was sind das für Rezepte? Dürfen Sie ein Familienrezept hüten? Haben Sie selbst ein Rezept entdeckt, das zu einem Familienrezept geworden ist? An wen haben Sie es weitergegeben?
- Welche Düfte erinnern Sie an besondere Momente aus Ihrem Leben? Welche Düfte ordnen Sie bestimmten Anlässen oder Jahreszeiten zu? Was riechen Sie gerne? Welchen Duft mögen Sie gar nicht?
- Mit welchen Gewürzen kochen oder backen Sie gerne? Welche Gewürze oder Kräuter haben Sie lieber frisch, welche lieber getrocknet verwendet? Haben Sie Kräuter im eigenen Garten oder auf dem Balkon angepflanzt? Gab es Kräuter oder Gewürze, die Sie zur Linderung von Beschwerden angewandt haben?

Wussten Sie das?

- Zimt gehört zu den ältesten Gewürzen weltweit. Schon im Jahr 3000 v. Chr. fand er in China Verwendung.
- Zimt ist die innere Rinde des Zimtbaumes, die gemahlen oder im Ganzen verwendet wird. Der Zimtbaum ist in Java und Sri Lanka beheimatet,

wird heutzutage aber auch in anderen tropischen Ländern angebaut. Ein großer Anteil an Lebkuchengewürzmischungen besteht aus Zimt. Auch in Curry-Gewürzmischungen ist Zimt enthalten. Neben Nelken ist er zudem das häufigste Gewürz in der Likör-Industrie.

- Der Zimtbaum ist ein immergrüner Baum, seine Blätter wechselt er nach und nach im Jahresverlauf. Sie duften auch nach Zimt.

- Zimtöl wird in einem Destillationsverfahren aus den Blättern, den Blüten, den unreifen getrockneten Früchten und der Rinde des Cassia-Zimtbaums gewonnen. Der Zimtbaum gehört zu den Lorbeergewächsen.

- Gewürze waren und sind immer noch sehr kostbar. Pfeffer hatte früher an seinem Gewicht gemessen denselben Wert wie Gold. Die teuersten Gewürze heutzutage sind Vanille, Kardamom und Safran.

- Zimt hat eine wärmende Wirkung. Ihm wird außerdem eine magenstärkende, erkältungslindernde, harntreibende, blutstillende und antimikrobielle Wirkung nachgesagt. Zimt soll außerdem wehenfördernd sein.

Rätselideen

Sätze vollenden

Lesen Sie die folgenden Satzanfänge vor und lassen Sie die Teilnehmenden ganz nach Belieben ergänzen.

- Mit dem Duft von Zimt verbinde ich …

- Mit Zimt verfeinere ich am liebsten …

- Neben Zimt verwende ich in der Küche auch gerne …

Silben zählen

Bitten Sie die Teilnehmenden, Zimt-Wörter nachzusprechen und dabei die Silben zu zählen.

Wortbeispiele: Zimtsternförmchen (4), Zimtstange (3), Zimtschnecke (3), Zimtöl (2).

Das passt noch

Das Gewürz der Seligen (19./20. Jahrhundert)

von Gustav Schüler

„Ja, das Gewürz meiner seligen Frau!“,
meint Pastor Gütlich mit Seufzen und Schmunzeln,
„in allen Speisen, ganz genau,
in Milchreis, Erbsen und Rapunzeln!“

Seine zweite Frau verzweifelt fragt:
„Mein lieber Mann, du sagst, in allen?“
„In allen, Liebste, hab ich gesagt,
doch welches es war, ist mir entfallen.“

„In allen –!“, sinnt sie Tag und Nacht,
zu allen Krämern ist sie gelaufen.
Was hätte sie nicht herbeigebracht,
um dieses Rätselgewürz zu kaufen!

Vanille, Ingwer, Pfeffer und Zimt,
Lorbeer, Muskat und Nelkenblüte –
Ob sie Zitronat oder Kümmel nimmt,
nichts sonnte des Pastors Nebelgemüte!

„Ja, das Gewürz meiner seligen Frau!"
Seine Mienen durchseufzt ein Heimwehklagen –
Gewiss, gewiss, er schmeckt es genau,
doch was es war, kann er nicht sagen!

Einst, mitternachts, fuhr sie empor:
„Du, Liebster, musst mir's nicht verübeln",
sie beugt sich nahe an sein Ohr,
„sage, Nathanael, waren es Zwiebeln?"

Aus Traumgedämmer ward er licht:
„Ja, Liebste, sollst mich immer fragen –
doch Zwiebeln, nein, die waren's nicht –
was war es doch? Könnt' ich's nur sagen!

In allem war's, in Pudding und Reis,
fast schien's ein Teil von meiner Theresen.
Wie quält's mich, dass ich's nicht mehr weiß –
doch Zwiebeln sind es nicht gewesen!"

Und bald drauf – er muss rasch aufs Land
und wartet eiligst auf das Essen –
ist ihr die Suppe angebrannt,
der Schreck will ihr das Herz zerpressen.

Sie tut ihm auf. Er kostet kaum,
er prüft und schmeckt, es scheint zu munden,
und ruft aus tiefentzücktem Traum:
„Das Gewürz meiner seligen Frau ist gefunden!"

Über die Autorinnen

Natali Mallek ist Dipl.-Sozialpädagogin und Gedächtnistrainerin (BVGT). Sie ist u.a. Gründerin und Autorin der Internetseite „Mal-alt-werden.de“. Ihr Schwerpunkt liegt auf der Aktivierung und Beschäftigung von Seniorinnen und Senioren und Menschen mit Demenz.

Annika Schneider ist examinierte Ergotherapeutin, Autorin und Chefredakteurin der Internetseite „Mal-alt-werden.de“. Sie erstellt Begegnungsangebote, Texte, Materialien und Fachbeiträge für die Begleitung von Seniorinnen und Senioren und Menschen mit Demenz.